당신은 기억하는가?

내전은 시작되고

반란군들은 비밀기지를 거점으로

사악한 은하제국에 첫 승리를 거두었고

반란군 첩보원은 제국의 절대적 무기로서

행성을 파괴할 수 있는 가공할 위력을 지닌

우주선 죽음의 별의 설계도를 탈취하였다

레아 공주는 제국군의 추격을 받으며

은하계의 자유를 가져다 줄 설계도를 가지고

고향으로 향하는데

〈STARWARS (ep4 1977) 중에서〉

1977년 영화 '스타워즈'의 '
시작을?

혹시

'딴~딴~따다다단~딴
따다다단~딴 따다다단'

이런 멜로디가
들리는가?

들린다면
당신은 정말 스타워즈를 본 사람일 것이다.
모든 에피소드에서 이 모양의 글씨 올라감과
동일한 멜로디가 사용된다.
시작에 말이다.

(당신이 한국 사람이라면)
당신은 이 장면을 기억하는가?

珍島
진도

碧波津
벽파진

海南
해남

於蘭鎭
어란진

남해안 서쪽 끝 진도 벽파진에 진을 친다.

개봉일 2014년 7월 30일

관객수 누적 17,615,057명 / 역대 1위

영화진흥위원회 제공 (2017.06.19)

영화
'명량'

(당신이 한국 사람이라면)
그런데 한국 사람들은 깨닫지 못하는 의문을
외국인들은 가지고 있다.

〈명량(2014) 중에서〉

국가적 영웅이라면서

왜? 고문을 받는가?

(당신이 한국 사람이라면)
이런 궁금증은 없다. 찬란한 승리를 위한
일종의 통과의례처럼 생각하기 때문이다.
이미 장군이 승리할 것을 알고 있으니까.
그렇지만, 중요한 것은

이 흥행에 성공한
두 영화의 '공통점'은
무엇?

인상적인

시작

흥행에 성공한 모든 영화가 인상적인 시작을
가지고 있는 것은 아니다. 그러나 확률적으로
인상적인 시작을 가진 영화가 흥행에 성공하는
경우가 더 많다. 이런 규칙은 영화뿐만 아니라
우리 주위에서 무수하게 일어난다.
함께 살펴보자

62.5%

두 팀의 승부에서 저정도
확률이라면 높은 것 아닌가?

62.5%
2018년 KBO(대한야구협회) 1년간 10팀이 벌인
720경기 중에서 **선취점을 얻은 팀**이 승리한 비율.

2018년 KBO 선취점 승리 확률 계산

| | | | | 선취팀 승리비율 | | **62.50** |

| | | | 게임수 | 720 |

2018-03-24

원정팀	홈팀	스코어		선취점	선취점팀	승리팀	
한화	넥센	3	6	1	한화	넥센	0
삼성	두산	6	3	1	삼성	삼성	1
롯데	SK	5	6	1	롯데	SK	0
KT	KIA	5	4	2	KIA	KT	0
LG	NC	2	4	1	LG	NC	0

2018-03-25

원정팀	홈팀	스코어		선취점	선취점팀	승리팀	
한화	넥센	4	1	1	한화	한화	1
삼성	두산	4	5	4	삼성	두산	0
롯데	SK	0	5	1	SK	SK	1
KT	KIA	1	14	6	KIA	KIA	1
LG	NC	1	7	1	NC	NC	1

.
.
.
.
.
.

당신이
성공하고
싶다면

강력한
'시작'을 '시작'하라!

시작

(START)

곽랑주 김성천 지음

곽랑주 : **국제항공운송 교육원 원장**

김성천 : SMARTCMS 대표

2016.06.02

*사전토의

왜 '시작'인가? 에 대하여

김성천: 왜 사람들은 '시작'에 머뭇거리는 걸까?

곽랑주: 아마 '실패'하는 것을 두려워하기 때문이겠지. 실패하면 안 된다는
　　　　강박이 점점 더 강해지는 것 같아.

김성천: 실패 없이는 성공이 없는데. 제안서 같은 경우에도 수도 없이 제출
　　　　하고 나서야 그 중에서 몇 개 프리젠테이션할 기회가 생기는데
　　　　말이지.

곽랑주: Ctrl+C, Ctrl+V는 안되겠지만, 맞아, 한 번의 시도에서 성공 경우는
　　　　그렇게 많지 않은데 말이야. 그래도 실패에 대해서 두려워 하는 것은
　　　　충분히 이해할 수 있어. 경쟁이 심한 상황에서 한 번의 실패는 곧
　　　　추락이라는 생각이 들 수도 있지. 꼭 그런 건 아닌데.
　　　　사람들이 머뭇거리지 않도록 하는 방법이 있을까?

김성천: 글쎄 머뭇거리지 않게 하는 방법은 확신할 수 없어도, 결과적으로,
　　　　성공하는 횟수를 높이는 방법은 정확히 알고 있지.

곽랑주: 그게 뭐지?

김성천: 일단 시도하는 것이지, 빨리. 또 많이 하면 더 좋고.

곽랑주: '시작을 시작하라'는 뜻이네. 또

계속 시작을 해야 무언가를 얻어낼 수 있다는 것.

김성천: 그렇지 우리 회사의 경우 경쟁 프레젠테이션을 해도 승률이 그리

높지는 않아. 그렇지만 20% 승률이라고 할 경우를 예로 들어볼께.

내가 필요한 밤은 10개야. 그런데 높은 나무에서 돌을 던져서 밤

을 따봤어. 돌을 10개 던지니까 2개정도 떨어지더라. 그러면 10

개를 얻는 방법은 간단해 50번 정도 더 던지면 돼.

곽랑주: 40번 퇴짜를 맞아야 하는 거지. 아니 40번의 조정이나 실패연습이

필요한 거지.

김성천: 실패연습 그거 재미있는 단어네.

곽랑주: 그래! 우리도 **시작을 시작하자!**

김성천: 그러자!

시작을 시작하라!

2016.6.2 토의 중에서

들어가며

당신은 이 책을 읽기 전에 다음 질문에 답해야 한다.

1. 어떤 일을 '시작'하는데 어려움을 겪는가? (Yes - 4점)

2. 일을 시작하기까지 '머뭇거리는' 편인가?(Yes - 3점)

3. 일은 많이 벌려 놓는데, 성과가 맘에 들지 않는다.(Yes - 2점)

만일 3가지 질문을 해보고 답의 합계가 5점 이상이라면, 이 책은 당신에게 많은 도움이 될 것이다. 그렇지만 4점 이하라면 그다지 많은 도움을 주지 못할 것이다. '시작'에 어려움을 겪어도 '머뭇거리지' 않거나, 일을 시작하고 나면 성과가 좋은 사람이므로 차라리 자기계발서 중에서 '셀프리더십'에 관한 책을 읽는 것이 더 효과적일 것이다. 스스로를 믿는 것이 더 우선일 테니까.

이 책은 두 가지 경향이 있는 사람을 위해 만들어졌다.

가. 어떤 일을 시작하는 것이 서툰 경향이 있는 사람

나. 시작에는 문제가 없지만 '결과'가 맘에 들지 않는 경향이 있는 사람

시작하는 것이 서툴다는 것은 대개 '완벽'하게 일을 하고 싶기 때문에 나타나곤 한다. 그래서 '시작을 하지 않으면 결과가 없다!'라는 것을 인식하는 것에서 출발해야 한다. 그 출발에 '실패'에 대한 정의를 다르게 내리면 대개 해결된다. 당신이 이런 유형이라면 명심해야만 한다.

실패는 당신이 인정할 때만 '성립'된다.

당신이 실패라고 선언하기 전까지 어떤 게임도 끝나지 않는다. 경기는 당신이 끝내지 않으면 끝난 것이 아니다. 왜냐하면 살아있는 한 '기회'가 있기 때문이다. 그리고 방법론으로 뒤에 설명할 START Sheet의 3T의 마지막 T를 Two Year(2년)으로 하면 된다.

결과가 마음에 들지 않는 사람들은 '계획'과 '실천과정'에 문제가 있다. 그러므로 계획을 다시 점검하고 실행에서 문제가 없는가? 살펴봐야 한다. START Sheet의 T(Trigger)와 A(Action)을 활용하면 도움이 될 것이다.

이 책은 성공하는 사람 또는 일의 특징을 6가지로 정리하였다.

(6가지에는 서열이 없다.)

- 목표와 비전

- 행동과 실천

- 장애물의 인식

- 시간관리

- 진심

- '나' 그리고 장점과 단점

그리고 그 6가지를 시작의 영문자인 S-T-A-R-T에 연관 지어 보았다.

그랬더니 다음과 같이 정리가 되었다.

S-Imagine Story

T-Find Trigger

A-Make Action

R-Write Real Wishes

T-Check Time Plan

& I have/I am afraid

그리고 무엇보다 한눈에 볼 수 있도록 1장에 모두 포함시켜 보았다. 그것이 시작(START) Sheet이다. 시트에 태극마크를 집어넣은 이유는 언젠가 이것이 외국에 전해졌을 때 그 근원이 한국에 있음을 알리고 싶었기 때문이다.

성공하는 일과 프로젝트에는 그 이유가 있을 것이라는 생각에서 시작된 작은 시도가 1장의 종이로 들어왔고, 이제 책이 되어 떠나간다. 프로젝트의 기간 동안 그리고 이 책이 쓰여지고 있는 동안에도 실행되는 많은 시작(START)들은 언젠가 '결과'로 돌아올 것이다.

부디
이 책을
읽는 여러분의
'시작'이
'성공'으로
결론지어지기를
바라는 아침이다.

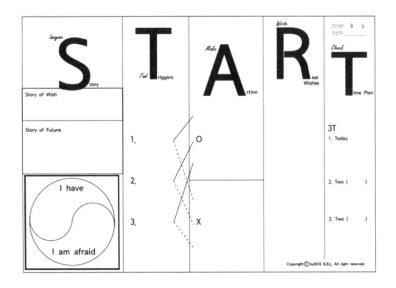

너무나 많은 감사할 분들에게 일일이 감사를 전할 수 없기에 이렇게

서문을 가름할까 한다.

서운하시면 우리와 함께 책을 쓰시지요.

언제든 환영합니다.

어떤 책 속의 이름들보다

'저자'로 우리와 함께 하지 않으시겠습니까?

2017.08.15.

곽랑주 올림

들어가며

새로운 START들을 기대하며…

나는 88학번, 현재 50세를 바라보고 있는 나이다. 우리 세대는 우리의 아버님 세대와 현재의 청년 세대 사이의 중간에 끼어 있는 층이다. 우리 세대는, 바뀐 환경들로 인하여 우리와는 다른 가치관을 가진 현재의 청년들을 탓하기도 하고, 우리의 아버님 세대에게는 좀 더 바른 세상의 틀을 만들어 줄 수 없었느냐고 탓하기도 한다.

우리 세대에 대해 이런 생각이 들었다. 폐허가 되었던 대한민국을 여기까지 키워온 세대는 우리 아버님 세대이며, 우리 세대는 자고 일어나면 발전해 가는 경제를 너무나 당연하게 여기며 살아왔던 것 같다. 세상은 그냥 자연적으로 계속 발전하고 살기 좋아지는 것이라고 쉽게 여겨왔던 것 같다. 경제적 난국으로 청년들이 고통스러워 하는 이 시대의 상황을 우리는 전혀 예상하지 못했다. 그리고, 우리는 지금 이 시대 청년들의 가치관과 행동들을 지적하고 있다. 꿈이 없어 한심하다고, 끈기가 없어 문제라고, 기본이 통 안 되어 있다고…

이런 의문들이 들었다.
우리는 다음 세대에게
전해야 하는 것들을
깊이 생각해 보았는가?

반만년을 이어 내려온 대한민족의 가치를
다음 세대로 연결하는 것을
우리의 책무로 여겨본 적이 있는가?

내가 자리한 곳에서
다음 세대들에게 전해야 할 가치를 전하고 있는가?
모두 남들의 탓으로 여기고 있지는 않은가?

좀 더 부자가 된 후에,
좀 더 높은 자리에 올라간 후에,
좀 더 준비가 된 후에야,
다음 세대들에게 전할 가치를 모아서 한 번에 전달하겠노라고
다짐만 하고 있지는 않은가?

나 스스로가 문제였다! 그래서 바꾸고자 한다! 지금 내가 위치한 곳에서 접하는 다음 세대들에게 내가 알고 있는 가치들을 지금 바로 전하고자 한다. 대한민국을 여기까지 이끌어 온 우리의 정신과 가치가 있다.

우리의 힘이다. 이제 서서히 대한민국을 다음 세대에게 넘겨줘야 할 때다. 그들이 주인이 될 수 있도록 지금 도와야 한다. 그들이 다시 강한 대한민족으로 우뚝 설 수 있도록, 전해야 할 말들을 지금 전해야겠다.

'Back to the Basic'을 통해 '기본'의 중요성을 이야기 했었다. 이제 'START'를 통해, 삶을 위한 기본 중의 기본이 START임을 전하고자 한다. 지쳐도 포기하지 않고, 계속 도전하고 시도해야 한다는 너무도 당연한 섭리를 대한 청년들에게 전하고자 한다. 이 책이 그들의 올바른 START에 진지한 조언이 될 수 있기를 희망하며 외쳐본다.

대한 청년들이여!

시작을 시작(START)하라!

2017.8.15

김성천 올림

목차

첫 번째 질문

백만장자의 친구가 되려면?
어떻게 해야할까?

당신의 답은?

1.

2.

3.

그 밖에

그렇다면 나의 방법이
궁금하지 않은가?

당신은 나의 친구다!
지금부터말이다.

(무슨 소리냐 생각한다면 별첨1에 답이 있다.)

'왜?' 활용법

길을 잃었을 때

왜? 라는 질문은 '**길**'이 된다.

길이 없는 것이 아니다.
길을 못 찾는 것이다.
인생은 무수히 길을 찾는 과정이다.

그리고

그 속에서
가장 보람 있는 순간은
스스로 길을 만드는 순간이다.

2016.04.30 시작(START) 메모 중에서

다시 한번 '왜?'

근원적인 질문은 언제하든 답을 찾은데 도움을 준다.

왜 '**시작**'하는가?

생존을 위해서
인간은 무엇인가를 **시작**해야 한다.!

생존은 '시작'의 연속.

생존은 살아있음이다. 살아있는 것들은 움직여야 한다. 이것이 특권이지만 영원한 굴레이기도 하다. 움직이려면 '힘'을 써야하고, 무언가를 먹어야만 한다. 먹기 위해서는 자신의 시간을 들여야 한다. 즉 살아있기 위해서 살아있는 시간을 없애는 것이다. 이것이 살아있는 것들의 '숙명'이다.

살아있기 위해
먹어야 하고,
먹는 것을 얻기 위해
살아있는 시간을
소모하는 존재 = 생명체

그러므로 **먹는 것을 얻기 위해** 우리는
무언가를 계속 시작해야 한다.

붙여서 '왜?'
확실하지 않으면 질문을 바꾸어서 '계속' 해야 한다.

그러면 그저
시작만 하면 되는것인가?

아니다!

'강력한 시작'

100% 모든 경우에 그런 것은 아니지만, 시작이 강력하면 결과가 좋다는 것이 정설이다. 경쟁의 상황에서 시작은 큰 의미를 갖는다. 이 책을 쓰게 된 결정적인 계기가 된 영상이 있다. 미국 드라마인 '뉴스룸*'의 '시작' 장면 영상이다.

* 뉴스룸: 아론 소킨 연출의 미국드라마로 방송사에서 뉴스를 제작하는 '사람들'과 그 '과정'을 보여준다.

: 남자가 윌이고 여자가 쉐런이다. 그리고 사회자와 화면에는 없지만 루이스라는
남자가 있다. 3명 + 사회자가 대학 강당에서 토론 중이다.

'강력한 시작'의 예 - 뉴스룸

학생: 왜 미국이 가장 위대한 국가인지 말씀해 주시겠습니까?

쉐런: 다양성과 기회죠.

루이스: 자유가 무엇보다 중요하죠. 계속 그렇게 지켜나갑시다.

윌: (농담처럼) 뉴욕제트팀이 있으니까요.

청중 (웃음)

사회자: 아뇨 그 질문은 정확히 답변해주시죠.

　　　미국이 왜 가장 위대한 나라인가?

〈이 장면에서 청중 중에서 한 여자가 스케치북에 이렇게 써서 윌에게 보여준다. '그건 아니야(It's Not.)' 〉

사회자: 진솔한 답변을 원합니다.

윌: 미국은 위대한 나라가 아니에요! 그게 제 답변입니다.

(별첨2에 전문수록)

〈모든 사람들 놀라는 표정 〉

'강력한 시작'의 결과

전체 시리즈 중의 1편 그리고 그 중 시작의 일부분 즉 1%도 되지 않는 이 시작이 나머지 99%를 이끌고 간다.
즉 '1'이 '99'를 떠받드는 것이다.

'8분' 정도의 시작이 '전체'의 성공을 이끌어냈다. 우리는 수 많은 드라마와 영화에서 '제목'을 보기에 앞서 등장하는 짧은 영상을 경험한다. 이것의 이름은 '인트로'라고 한다. 그런데 '왜' 제목보다 앞에 등장하는지 그 이유를 생각해보자.

강력한 시작은 성공의 조건

다시 한 번 언급하겠지만 강력한 시작이 성공의 '필요 충분' 조건이라고 말할 수는 없다. 그러나 '시작'을 하려는 우리는 확률적으로 조금이라도 유리한 입장에 서야하지 않을까?

나는 이 책을 읽는 **당신이 '성공'하기를 바란다.**

드라마보다 영화의 경우는 이러한 성공을 위한 '시작'의 공식이 더 많이 작용한다. 아무래도 드라마보다 짧은 90분에서 120분 정도에 모든 것을 보여줘야 하기 때문이다.
그러면 이제 '강력한 시작'에 대해서 알아보도록 하자.

다음 장면을 세심하게 봐주기 바란다. 다음은 **무엇에 대한** 영화일까?

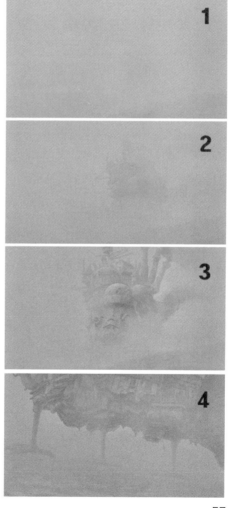

이 시작을 보았었든 아니었든 그것은 중요하지 않다. '나는 이 영화 봤는데!'라고 생각하실 수 있다. 그런 분에게는 이렇게 또 묻겠다. 이 영화에서 가장 기억에 남는 것은 무엇인가? 그리고 바로 그것을 영화를 본 적이 없는 사람에게 말로 설명해보라 하고 말이다. 쉽지 않을 것이다. 내가 본 것을 누군가에게 설명하는 것은 쉽지 않다. 그런데 쉬운 경우가 있다. **설명을 듣는 사람이 내가 본 것에 비슷한 것을 본 적이 있으면 쉬워 진다**. 그리고 그 사람이 내가 본 것을 과거에 본 적이 있다면 가장 쉽다. 그런데 중요한 것은 이것이다.

당신이 '설명' 또는 '전달'할 수 있느냐 하는 것이다.

이 장면을 과거에 보았던 분이나 아니면 한 번도 본 적이 없는 분이나 이제부터는 똑같은 시작점에 서게 된다.

질문:

다음 그림에서
성의 크기는 얼마 정도인가?
그리고 당신은 **그것을 '어떻게'** 알 수 있었는가?

하울의 움직이는 성(2004 미야자키 하야오 감독)은 이러한 **'강력한 시작의 원칙'**이 딱 들어맞는 대표적인 영화이다.

영화의 제목이 나타나기 전에, 짙은 안개 속에서 쿵 쿵 치익 하고 무언가 육중한 것이 걸어오는 소리가 먼저 들린다. 그리고 희미하게 기괴한 물체가 보이기 시작한다. 점점 그 모습이 확실해질 즈음 화면은 바뀌어 옆모습이 드러난다. 그런데 이 물체는 처음보는 것이라 그 크기가 얼마인지 정확학게 알 수 없다. 단지 그 모습 중에 문이라든지 굴뚝같은 것으로 가늠할 수 있지만, 그 모습이 너무 기괴하여 정확한 크기는 알 수 없는 것이 사실이다. 그런데 우리가 **이미 그 크기를 알고 있는 것을 보여준다.** 바로 사람과 양떼 그리고 집이다. 이미 알고 있는 것들과 이 기괴한 성을 함께 보여줌으로써 우리는 그 크기를 알게 된다.

즉 사람들은 어떤 것을 이해하고 기억할 때, 기존에 알고 있는 것에서부터 연결고리를 만든다. 우리의 뇌는 그렇게 반응하게 되어있다.

다시 장면으로 돌아가 보자. 사실 하울의 움직이는 성은 이 한 장의 스크린 샷으로 전부 설명이 된다.
즉 1분 19초의 인트로로 영화의 모든 메시지를 전달하고 있다.

우리는 이 장면에서 이런 '메시지'를 읽어냈다.

- 움직이는 성은 '크다'
- 움직이는 성은 '기존에 없던 것'이다.
- 이것저것 '모여진' 모습이다.
- 앞의 여인과 양떼가 평화롭게 걷고 있는 것으로 봐서
  움직이는 성은 최소한 사람과 양떼에게
  '적대적'이지 않다.
- 사람들은 이미 움직이는 성을 알고 있는 것이다.
  그러므로 '놀라지 마시라!'

: 움직이는 성은 우리 편이니까,
  이제 곧 강력한 적이 나올 거야 기대하시라 두둥!

한 장면인데 뭐 그렇게 복잡하게 생각 하냐고 반문할지도 모른다. 그러나 지금 우리는 '강력한 시작'에 대한 이야기를 해 나아가고 있음을 기억하라. **강력한 시작이 '어떻게' 만들어지는지 알아야**, 우리가 직접 '강력한 시작을 해내서 **원하는 것을 얻을 수 있지 않은가?**

하울의 움직이는 성에서 시작은 이러한 특징을 가지고 있다.

- 흥미롭다.
- 주제를 드러내고 있다.
- **전체를 '축약'하고 있다.**

축약 - 축소하고 요약한다는 의미이다. 하지만 단순하게 '줄이기'만 한 것은 아니다. 또 다른 예를 들어보자. 영화뿐 아니라 단편소설도 이러한 '강력한 시작'의 원칙을 따르려 노력한다. 그리고 **인상 깊은 단편들은 시작이 강력하다.** 다음 3문장을 읽어보자.

세일즈맨 그레고르 잠자는 어느 날 아침 눈을 뜨자 자신의 몸이 이상하게 변해 있는 것을 발견한다. 자신의 몸이 어느 사이에 무수한 다리를 지닌 한 마리 커다란 벌레로 바뀌어 있었던 것이다. '이게 어떻게 된 일일까' 하고 생각해 보았으나, 분명히 꿈은 아니었다.

흥미롭지 않은가? 사람이 벌레로? 뭐야! 이런 생각이 들지 않는가? 게다가 꿈도 아니란 말이야? 뭐야 이런! 하고 흥미를 갖게 된다. 그리고 주제를 드러내고 있다. 이 소설의 제목은 '변신'이다. 사람이 벌레로 '변신'하는 것이다. 제목을 지어놓고 이 소설을 썼다면 정말 완벽한 시작이 아닌가 한다. 그리고 마지막으로 프란츠 카프카의 이 소설의 3문장은 전체의 내용을 '축약'하고 있다. 내용이 궁금하면 이런 기회에 읽어보시기를 권한다.

강력한 시작을 위해서는 우리는 내가 하려는 일의 '전체 내용'을 알고 요약할 수 있으면 되는 것이다.

그러면 흥미는? 그것을 만드는 방법은 이미 이 책에서 실천하고 있다. 간단하게 설명하고 넘어가겠다. 여지까지 당신이 이 책에서 읽은 단어 중에서 '시작'을 제외하고, 가장 자주 언급된 단어는 무엇일까?

바로 '왜?'이다. 거기에다가 '질문'이라는 단어 뒤에 숨어 있는 '왜?'와 당신이 머릿속에서 가졌던 '왜?'라는 생각까지 합치면, 가장 많이 나온 단어는 '왜?'일 것이 확실하다.

흥미는 '왜?'에서 시작된다.

왜? 미국은 위대한 나라가 아니지?
왜? 저 성은 기괴하게 생겼지?
왜? 그레고르 잠자는 벌레로 바뀌었지?

발표, 설득, 강의 등에서 흥미는 참 중요한 것이지만 이것을 활용하는 방법은 이 책의 지면 전체를 사용해도 모자란다.

강력한 시작을 위해서는 '전체를 요약'하는 능력이 필요하다. 그런데 여기에는 필연적인 모순이 발생한다. 시작할 때 모든 상황을 알고 시작하는 경우는 거의 없다. 다시 말해 모든 것을 다 알고 있으면 시작할 필요가 없는 일이 되고 만다. 가능성이 사라지니까. 즉 전체를 다 알고 있는 시작은 처음부터 힘들다는 것이다. 그래서 무언가 '방법'이 필요하다. 성공하는 시작을 위한 '방법'말이다.

이 책이 말하는
그 방법

'START - Sheet'

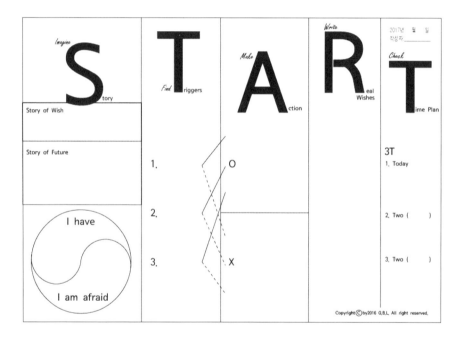

일 또는 프로젝트의 성공을 위해서는 '계획'이 있어야 한다. 또한 그 계획은 한 장으로 정리되는 것이 좋다. 모든 내용을 한 눈에 볼 수 있을 뿐 아니라, 스스로 현재의 상황과 할 일을 이해하기 쉽기 때문이다. (그래야 성공하기 쉽다.)

한 장으로 정리하라!

사실 인간의 뇌는 어떠한 상황에 대하여 1장의 그림으로 밖에 기억하지 못한다. 그리고 그러한 1장의 그림이 여러 장 있기 때문에 많은 것을 기억하는 것이다. 그런데 문제는 그림 1장 1장이 기억되어 있는 장소가 다르기 때문에 연결시키려면 '시간'이 소요된다. 이 시간의 차이가 오류를 만들어 내고, 또 착각이나 망각을 가져온다.
말이 어렵다.
그냥 **'한 장으로 만든 계획서가 '성공 확률'이 높다!'** 라는 것만 기억해 달라.

전체의 모든 것은 알고 있지 않아도 '필수적인 항목'은 알고 시작해야 한다. 인간의 몸이라고 예를 들면 뼈, 살 그리고 피로 이루어졌다는 것. 피는 적혈구 백혈구 등으로 이루어졌다는 것. 이런 식으로 어떤 기준을 가지고 계획을 세워가야 한다.

기준이 있어야 한다!

이 두 가지의 원칙에 입각해서 START-Sheet는 설계 되었다.

그러면 그 기준들은 과연 무엇인가?

S-Imagine **S**tory
T-Find **T**rigger
A-Make **A**ction
R-Write **R**eal Wishes
T-Check **T**ime Plan
& I have/I am afraid

이 책은 **성공에 이르는 시작**을 위한 글들이다. 그리고 그 6가지 항목은 **인간의 보편적인 '성공'을 분석하여** 나온 결과물이다. 그 보편적인 결과물들을 시작의 영문인 START 철자에 넣어서 1장의 장표에 넣어보았다.

앞으로 6개 장에 걸쳐 성공을 위한 '**시작**'을 만드는 방법을 살펴보도록 하겠다.

당신의 시작이 성공적이기를!

성공으로 이끄는 5가지 기준들

시작하라!

START

S-Imagine Story

성공한 당신의 '이야기를 상상'하라.

T-Find Trigger

'결정적 방아쇠'를 찾아라.

A-Make Action

'행동'을 만들어가라

R-Write Real Wishes

'이 일을 하려는 진짜 이유'를 써라

T-Check Time Plan

'시간 계획'을 확인하라
.

& I have/I am afraid

내가 가진 것과 내가 두려워하는 것

'시작'을 무엇이라 생각하는가?에 대한 답들.

- 해야하는 것

- 용기

- 행동하는 것

- 설렘 반 긴장 반

- 준비를 끝내고 실행하는 단계.

- 하려고 하는 의지를 가지고 딛는 첫걸음

- 희망, 가능성(한편으로 버겁기도 함...)

- 새로운 도전이며, 막연하지만 새로운 활력

- 무엇을 할 것 인지(목적,목표)를 정의/정하는 것.

- 어떤 일을 계획, 사전조사를 마치고

  새 마음, 새 목표로 문을 여는 것

- 기존의 것을 바탕으로 변형을 통해 발전시켜 나가는 것.

  (온전한 무->유는 없다)

- 멈춰있다가 움직이는 것이라 생각한다. 어떠한 과정

  속에서 또 다른 시작도 있겠지만 나에게 있어 시작은 Stop후

  에 Start버튼을 누르는 것이다.

- 음..제게 시작이란 기대 80% 부담 20% 정도가 섞인 오묘한 떨

  림입니다. 앞으로 맞이할 새로운 상황에 대한 기대, 그리고 일을

  잘 진행할 수 있을까에 대한 부담감이 한데 섞여 있기 때문입니다.

- 예전의 '나'에게 시작이란 것은 모든 준비를 끝내 놓고 경우

  의 수를 다 따져, 실패나 실수가 없게 만들어야 했기 때문에

  굉장히 부담스럽고 힘든 것이었습니다. 하지만 지금은 조금

  은 그 의미가 바뀌었습니다. 철저한 준비도 좋지만, 실패로

  부터 얻는 교훈이나 가르침이 더 진하다고 느끼기 때문입니

  다. 하루 하루 조금씩이라도 제 자신을 성장시키겠다는 목표

  가 있습니다. 이 성장을 이루기 위해 지금은 두려워말고 무

  엇이라도 '시작'하는 것이 미덕이라 생각합니다.

  ......

1장

S-Imagine Story

성공한 당신의 '이야기를 상상'하라.
그 모습을 구체적으로 그릴수록 '성공' 가능성이 높아진다.

모든 기획은

모든 시도는

모든 일은

일종의

Story이다!
당신의 이야기 그 처음은?

당신의
'첫'은 어땠는가?

St
o
r
y

첫 키스
첫 사랑
첫 프로젝트
첫 번째 자격증
......

완벽했는가?
만족스러웠는가?

Story

첫 키스
첫 사랑
첫 프로젝트
첫 번째 자격증
......

당신에게 위의 4가지는 어땠는가? 어떤 것은 완벽하고 자랑스러울 수
도 있다. 그렇지만 어떤 것은 '왜 그랬을까?' 하고 아쉬움이 남는 경우
도 있을 것이다.

그렇다면, 그런 '아쉬움'이
없도록 할 수 있는 방법이 있을까?
완벽하고 '대만족'스럽지는 않아도 말이다.

당신이 지금
'후회하는 일'은 무엇인가?

당신의 대답은?

1.

2.

3.

4.

5.

당신이 쓴 답들 때문에라도

당신은 지금
(　　　)해야만 한다!

대개 후회는 '했던 일이나 하지 않았던 행동'이다. 결국 조금은 알고 있었으나 그 알고 있는 것으로 가지 않은 길에 대한 상념이다.

'그 때 이렇게 하지 말 걸.'

'그 때 이렇게 해야만 했어.'

그리고 무엇보다 씁쓸한 뒷맛이 남는다. 당신도 그렇게 쓰지 않았는가? 그냥 백지로 넘어왔나? 그래도 머릿속에 한 장면 스쳐가는 '하지 않은 후회'가 있지 않은가?

그래서 나는 이런 제안을 하고 싶다.

'후회되는 것'보다는

'아쉬운 것'이 남는 것이 나으니까

지금 (**시작**)해야만 한다고.

그래도 아쉬움도 **덜** 남으려면

'이렇게' 시작해야 한다고 말이다.

毋憂拂意.
뜻대로 되지 않는다고 근심하지 말며

毋喜快心.
마음에 흡족하다 기뻐하지 말라.

毋恃久安.
오랫동안 무사하기를 믿지 말고

毋憚初難.
시작이 어렵다고 꺼리지 말라.

菜根譚(채근담)중에서

쉬워 보이는 일도 해보면 어렵다.
못할 것 같은 일도 **시작**해 놓으면 이루어진다.

채근담

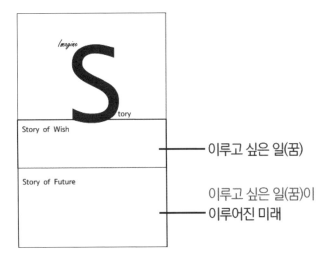

Story of Wish

이루고 싶은 일(꿈)

Story of Future

이루고 싶은 일(꿈)이
이루어진 미래

왜? 이야기(Story)인가?

인간은 '이야기'로 배우고 '이야기'를 가장 오래 기억하기 때문이다. 시작을 하는 이유는 '무엇인가'를 변화시키기 위함이다. 변화시키기 위해서는 행동이 필요하고 그 행동을 유지하기 위해서는 이유를 기억해야 한다. 그 이유를 '목표'라고 할 수도 있다.

: 목표를 잊지 않기 위해서 '이야기'의 형식을 가진다.

인간은 기본적으로 생각(기억)을 잊어버리는 존재이다. 하루가 또 이틀이 지나고 나면 기억이 희미해지고, 가물거리다 결국 잊어진다. 고통받지 않기 위한 기재인 '망각'이다. 망각은 인간을 살려 놓는다. 하지만 인간을 망쳐놓기도 한다. 그러나 꼭 필요한 것이라는 생각에 나는 동의한다. 지나간 모든 고통을 기억하고 어떻게 살아갈 수 있겠는가? 그렇지만 이 망각은 고통뿐 아니라 환희의 순간이나 기쁨의 순간 심지어 하늘이 두 쪽이 나도 지키겠다던 약속까지 희미해지게 만든다. 그렇기 때문에 계속 상기시킬 수 있는 보조 장치가 필요한 것이다. 그리고 잘 망각되지 않는 것들의 특성은 '이야기'의 형식을 가지고 있다. 왜냐하면 인간의 두뇌는 연관된 것 그리고 사진처럼 그려지는 것을 확실히 잘 기억하고 덜 망각하게 설계되었다. 예를 들자면 이런 식이다. 석기시대라고 가정하자. 부모가 호랑이에게 잡혀 먹혔다. 슬픈 일이지만 그것을 생존의 기회로 삼아야 한다. 그러면 어떻게 해야 할까?

'내 부모가 호랑이에게 죽었다!'는 것을 기억
'호랑이는 나의 천적이다!'라는 것을 기억

그리고 행동방식을 정해야 한다.

호랑이의 흔적을 찾으면 회피해야 한다.
호랑이를 이길 무기를 만들어야 한다.

인간은 이러한 방식으로 천적들을 이기고 생존해서 번성하게 되었다. 그래서 우리의 뇌는 '이야기 형식'에 반응하도록 진화하였다.

그러면 과연 이야기의 형식이란 무엇인가?

아리스토텔레스는 '시학(詩學)'에서 이야기의 형식에 대해 이렇게 이야기하고 있다.

모든 비극은 '분규' 부분과 '해결' 부분으로 양분된다. 드라마 밖의 사건과 그리고 드라마 안의 사건 가운데 일부가 '분규'를 구성하고 나머지는 해결을 구성한다. 나는 스토리의 시초부터 주인공의 전환이 일어나기 직전까지를 '분규'라 부르고, 운명의 전환이 시작된 후부터 마지막까지를 '해결'이라 부른다.

(시학/아리스토텔레스/문예출판사(2002) 108P~109P 인용)

'불만족한 (갈등)상태'와 그 '해결'이라고 풀이할 수 있다.

우리가 현실 속에서 무언가를 바라는 이유는 무엇인가? 그 이유는 '불만족' 때문이다. 만족하지 못하기 때문에 무언가를 원하고 바란다. 그러므로 시작(START) 상황에서 '갈등=불만'은 따로 기록하지 않아도 우리는 알고 있다.

(우리는 지금 '소설'이나 '시'를 쓰고자 하는 것이 아니다.) 어떤 문제를 해결하거나 답을 찾고 무언가를 성취하기 위해서 함께 길을 나선 것이다. 즉 성공하기 위해서 이 책을 읽고 있는 것이 아닌가?
잘된 글을 만들기 위해 시간을 낭비하지 말라고 강조한다.

시작(START)에서 S가 Story라는 뜻은
'해결'된 상태의 이야기에 초점을 맞추라는 의미이다.

다시 설명하자면 갈등(=불만)이 있으니 그것은그냥 두고,
그것이 '해결(=꿈이 이루어진 상태)'에 집중하라는 것이다.
이제 우리 함께 직접 해보도록 하자.

설명을 듣는 것보다는 스스로 연습하는 것이
이해하고 또 익히기 쉬운 법이니까

(꼭 써보고 실습 해보기를!!)

질문1: **당신이 이루고 싶은 일**(=성취, 꿈 등)은 무엇인가?
되도록 한 문장으로 쓰시오.

(   ) ———

질문2: 질문1이 **이루어진 미래의 상황을 설명**해보시오.
상황을 묘사하거나, 당신이 느낄 감정을 서술해 보시오.

그렇다.

이것이 START의 S이다.

Imagine

S

tory

Story of Wish

Story of Future

다음은 질문2의 **상황을 묘사**하거나, 당신이 느낄 **감정을 서술**한 예들이다. (조세일보 교육원 '2017년 세무회계' 교육 참가자 여러분께 감사를 드린다.)

작은 방에 페인트칠도 다하고 가구도 다 조립해서 들여놓으니 벽에 곰팡이도 없고, 방에서 좋은 냄새가 나서 정말 좋다. 이 방에 있으니 책을 읽던 영화를 보던 다 즐겁다. 동생도 이제는 물건을 다 제자리에 두고 서로 각자의 공간이 생겨서 그런지 싸우는 일도 줄었다. 이렇게 큰 힘을 들이지 않고도 행복해질 수 있으니 급하게 생각하지 말고 차근차근 안방과 부엌, 거실도 정리해 나가야겠다.

제일 잘 보이는 좌석에 앉는다. 얼굴이 너무 잘 보인다. 노래가 다 내가 좋아하는 곡이다. 아이컨텍이 잘 된다. 의상, 헤어, 메이크업이 잘 되었다. 첫 곡부터 마지막 곡까지 참여하였다. 앙코르곡도 많이 불렀고, 레전드 직찍이 나왔고 이벤트도 있었다. 굿즈를 종류별로 3개씩 샀다. 가까이서 봤고, 서로 기억에 남는다.

개인적인 공간이 확보되어 있는 사무실에서 작업 여가시간을 즐길 수 있는 취미생활을 어려움 없이 계획

- 30분전 출근해서 하루의 스케줄을 점검하고 업무전반을 점검하며 자금계획도 다시 한 번 들여다보면서 보낸다.
- 퇴근 후 또는 주말에 가족과의 외식도 생각하고 나들이 갈 곳에 대한 계획도 잡아본다.
- 5년 후 해외파견 업무에 지원해서 이민 갈 계획도 구체화 시켜보고 남은 기간은 (은퇴)여행하며 살자.
- 물론 정년까지 일하는 것도 염두에 두면서

· 내가 주최한 행사가 성공적으로 되어 나중에 다시 열어달라는 '人'
· 같이 해주신 분들께 답례를 할 수 있는 '人'
· 올라오는 후기들을 보며 싱글벙글하며 지인 분들과 즐겁게 얘기할 수 있는 '人'

하나의 의견으로 여러 가지 다른 생각을 접할 수 있다. 나와 또 다른 생각들을 받아들이며 좀 더 넓은 부분을 나눌 수 있고 나의 단점을 수정할 수 있음, 그리고 보완할 수 있음.

세무관련 전문가가 되어 각종 절세를 하며 고객층을 쌓고 해당분야의 명성을 알리며 국세청 공무원들도 모르는 방법을 많이 사용할 것이다. 이 후 국세청 자문위원이 되고 싶다.

외부감사를 받는 중견 이상의 기업에서 재무팀 과장으로 5년을 보낸 후, 회계사 1차 시험을 면제 받고, 2차를 준비하며, 새로운 도전으로 회계사의 일을 시작하고 싶다. 이후 로컬 회계법인에서 수습을 마치고 40대에는 개인 회계사무소를 개업하는 것이 최종 원하는 꿈의 종착지이다. 마치 구름을 손에 쥐는 듯이. 솜사탕을 먹는 것처럼 목구멍에 달달함이 한 움큼 넘어가며 찡긋하듯이 날아가는 기분으로 근무하고 있을 것같다.

우리가 풀려고 하는 문제들은 난감하고 어렵다. 또 달성하고 싶은 목표들은 높은 벽처럼 느껴질 때가 많다. 그렇게 어려운 현실 속에서 '웃음'을 짓는다는 것은 힘든 일이다. 그렇기 때문에 이 현실보다 나은 '미래'에 대하여 생각하고 꿈꾸고 기억해야 한다. 그것이 당신이 버티고 또 앞으로 나아가게 하는 힘이 될 것이기 때문이다.

여러분이 작성하면서도 행복하고 즐거운 감정이 생기는 것이 바로 우리가 원하는 시작이다.

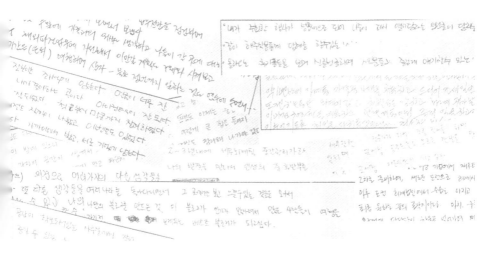

왜 START의 S - 이곳이 중요할까? 시작점: 최초의 동기
문제가 풀리지 않으면 '이곳'부터 점검한다.

길을 잃으면 처음 출발했던 곳에서부터 다시 시작하는 것이 결국 시간을 줄일 수 있는 방법이다. 원점이 어디였고, 어디로 가는 길이었는지 생각하는 것이 '잘못'을 바로잡는 가장 올바른 길이다.

사실 우리는 어떤 일을 시작할 때, 바로 행동에 나서고 싶은 충동에 사로잡힌다. 그것은 당연한 일이다. 그러나 한참을 달리고 난 후 '내가 어디로 가는가?'하는 물음이 든다면 당장 멈춰서 질문을 하는 것이 낫다. **'최초의 동기'**를 기록해 놓는 것은 그래서 중요하다. 우리는 매일 조금씩 변화한다. 어린 아이는 자라고 성인은 늙어 간다. 몸만 그러한 것이 아니다. '생각'도 그렇다.
원점을 기록하는 것이라고 생각하고 잘 기록하자.

특히 기록하는 것이 중요하고, 그 다음은 '줄이는 작업'이 필요하다. 단순하게 양을 줄이라는 뜻만은 아니다. 방향을 예로 들자면 9시 방향으로 가는데 10시 방향으로의 출발은 가면서 수정이 가능하다. 물론 11시도 조금 돌기는 하겠지만 수정이 가능하다. 그런데 9시 방향으로 가고자 하면서 2시나 3시 방향으로 움직인다면 어떻겠는가? 그것은 나중에 시간을 더 많이 써야한다.

앞에서 먼저 START-Sheet를 작성한 분들의 예를 살펴보았다. 여러 분은 이 분들이 어떤 결과를 바라는지 한 문장으로 표현할 수 있는가? 어떤 분은 명확하게 바라는 바를 알겠고, 또 어떤 분은 무엇을 바라는 지 알기 힘들다. 이럴 때는 '줄이는 작업'이 필요하다.
바라는 바를 조금 더 구체적이고 확실하도록 말이다.

가장 좋은 것은 1문장으로 정리되는 것이다. 우리 함께 이것에 대한 연습을 해 보도록 하자.

질문: 당신을 8단어 이하로 표현한다면?
(   )

우리는 위의 질문에 대하여 여러 번 실습해보았다.
많이 해보면 해볼수록 정리가 된다.

1. 다른 것을 보는 사람
2. 고통스러운 사람 곁이 익숙한 사람
3. 종교, 정치, 고향이 다른 절친들
4. 지구력은 을 순발력은 갑
5. 결핍을 동력으로 사는 삶
6. 방법을 결국 찾아내는 생존자
7. 실패를 자산으로
8. B2B를 노래하는 B2B 전문가.

세스 고딘의 "자신에 대해 8단어 이하로 묘사할 수 없다면,
당신은 아직 자신의 자리를 갖지 못한 것"이라는
 퍼스널 브랜딩 전략에서 참고한 것이다.

조금 낯설어 하시는 분들에게 방법을 설명하자면 이렇다.
가. '당신다운 영역'이란? 2,3,6
나. 문제를 풀어나가는 방식: 1,4
다. 신념: 5
라. 커리어 중 맘에 드는 것: 7,8

아직도 딱 떨어지는 것이 나오지 않은 것을 보니 '기쁘다.' 앞으로 갈
길이 남아 있고, 할 일이 남아 있다는 뜻이니 말이다.

S를 작성하면서 제발
다른 사람의 비평에 귀기울이지 말라.

모든 상황을 '이상적으로' 만들 수는 없다. 다른 사람과 함께하는 세
상이라면 더 더욱 그렇다. 그러나 이것저것 다 생각하고, 따지면 원하
는 것을 얻을 수 없다. 다른 사람이 하는 말이 아픈 것 당연하다.
(신경쓰지 말라고 하는 말이 더 잘들리고, 가슴을 후벼판다.)

그런 말들은 사실 아무 것도 아니다. 당신이 그냥 무시해버리면 말이
다. 그렇지 않고, 그 말들이 당신에게 상처를 주도록 놔두면, 당신은
계속해서 아프게 된다.

가장 큰 복수는 '성공하는 것'이라고 하지 않던가! 다른 사람들이 나를 어떻게 생각하던 그건 그 사람 마음 속에서 뿐이다. 내가 어쩔 수 있는 것이 아니다.

이 글을 읽는 동안 함께 해보자. 당신을 비난하는 말들은
오직 '당신이 허락해야' '당신을 해칠 수' 있다.
해치도록 절대 허락하지 말고 그냥 당신의 길을 가라!

 그래야 **'시작'**이 **'결과'**로 변할 수 있기 때문이다.

(다른 사람들의) 말에 상처받은

당신을 위해 한 마디

S
t
o
r
y

인간의 삶은 끝난다.
인류의 역사도 끝난다.

영원한 것은 없다는 것만 영원하다.

단지 생존하겠다는 마음, 의지
그리고 옳고 정의롭다는 것에 대한 방향성만
있다면 잘 살았다고 할 것이다.

누군가의 평가에 연연하지 마라.
그는 얼마나 너의 기준에 타당한가를 생각해보라.
별것 아니다.
세상의 평판 그런 것은 그리 중요하지 않다,

스스로 어떻게 생각하고 판단하느냐가 중요하다.
그러나 똑같은 기준으로, 타인에 대한 연민이 없고
배려가 없다면 너는 존재의미가 옅어질 수밖에 없다.

타인을 배려하라 그러나 휘둘리지는 마라
타인의 평가에 둔감해지라
그러나 빛나야 한다는 당위성마저 버리지는 마라.
한 발짝 나아가고 그것을 힘으로 삼아라.

2016.10.18 시작(START) 메모 중에서

다음은 '푸드 트럭 운영하기'로 목표를 정한 이수근씨의 시작
(START)시트 중 S를 살펴보겠다.

**매일 하루도 거르지 않고 음식계 동향과 관련 기사를 읽고 스크랩하며, 서
비스관련 사례들과 방안에 대해 연구하며 각종대회 참여를 통해 고객에게
믿음을 주고 맛과 서비스를 통해 한 번 더 믿음을 주며 감동을 주어서 인지
도를 늘렸다.**

시작할 때 완벽하고 창대한 것을 바라지 말았으면 좋겠다. '강력한'
시작이 '완벽한' 시작과 다름을 말하고 싶다. '완벽'이라는 단어가 주
는 압박감은 당신을 지금의 자리에 묶어둘 것이다. 만약 이수근씨가
완벽한 시작을 위해 머뭇거린다면 경쟁자가 생겨날 수도 있고, 그 보
다는 스스로 멈출 가능성이 높다. 사실 '강력한' 시작은 완전이라기보
다는 '불완전'에 더 가깝다.

청바지에 티셔츠를 입고 강의를 한다고? 2000년대초반에만 해도 욕
먹을 각오 아니 강의장에서 쫓겨날 각오를 해야했었다. 그런데 고(故)
스티브 잡스 전(前)애플회장이 청바지에 티셔츠로 너무나 강렬한 프
리젠테이션을 하고나자 사람들은 유행처럼 청바지와 티셔츠로 강의
를 했다. 거의 모든 강력한 시작은 '**낯설음**'을 가지고 있고 '**첫**'이라
는 의미를 포함한다. 그래서 위험성도 높다. 그렇기에 성공만 하면 결
과물이 참 달콤하고 대단하다.

위험을 각오하지 않고, 무엇인가를 얻을 수 있을까?
단연코 아니라고 말하고 싶다.

만일 당신의 마음속에
'음식점 수도 없이 많은데 또 먹는 거야?'
'푸드 트럭 망한다는 기사를 봤는데!'

하는 생각이 떠오른다면 당신은 이 책을 끝까지 읽어야만 한다. 당신
이 잘 아는 사람에게 자랑할 만한 성과는 아직 만들어지지 않았으니
까. 당신은 시작하는 것보다 그것의 위험성을 '미리' 알았다는 사실에
스스로 대견해 했던 경험이 있을 것이다. 그것은 옳은 것이다. 인간은
그렇게 생존해 왔고, 살아남았으니. 그러나 당신은 이런 생각을 꼭
해야만 한다. 만일 그렇게 멈추고, 막고 하다가 '원하는 삶'은 언제 살
수 있나? 라는 답은 어떻게 할 것인가? 이것이 첫 번째 이유이고 두
번째가 더 중요하다. 당신이 글로 읽을 수 없는 것이 있다. 바로 '의
지'라는 것이다. 사람은 일을 추진해 나아가면서 자신을 바꾸어 버린
다. 아니 어떤 때는 자신을 버린다. 인간이 자신을 버리면서 이루고자
했을 때, 그것을 보는 다른 사람은 '두려움'을 느낀다. 그냥 숫자가 많
은 쪽이 이긴다면 왜 오늘 대한민국은 '중국'이 아닐까? 그냥 앞선 무
기가 전쟁의 승부를 결정한다면, 어째서 나는 일본어를 쓰는 것이 아
니라 한국말을 쓰고 있는가? 인간이 하는 일은 이렇게 '불완전', '불확
실'한 미래를 가지고 있다.

유리하다고 반드시 이기는 것도 아니고
불리하다고 반드시 지는 것도 아니다.
사람의 의지가 만들어 가는 것 – 그것이 일이다.

누군가의 말을 들을 때, 그 말의 논리나 뜻을 파악하는 것과 함께 꼭
해야 하는 것이 그의 **'의지'**이다. 말보다는 의지가 더 결과에 영향을
미친다. 의지는 간단한 논리, 짧은 문장에 더 빠르게 딸려온다. 그래
서 인간은 '표어'나 '슬로건'을 만든다. 구성원의 행동을 이끌어내기
편하기 때문이다.

(우리가 많이 보는 광고는 어떤가? 강의를 위해 광고를 찾아보는 강사
나, 그 업에 종사하는 사람들을 제외하고 거의 모든 사람들은 광고를
꺼려하고, 또 건너뛰기(skip) 표시가 나오기를 기다린다.
아! 광고를 찾아보는 또 한 부류의 사람이 있다. **그 광고에 '(직접)
참가한' 사람.**)

빨래엔 (   )
Hi! (   )
침대는 (   )입니다.
(   ) 글로벌 파트너!
…….

광고는 10문장으로 표현하는 것보다, 1문장을 택한다. 짧은 시간에 상대방을 사로잡기 위함이다. 이 책에서 말하는 시작(START)의 S도 동일하다. 사람이 수많은 일을 하면서도, 기억하고 해낼 일은 짧은 문장으로 만들고 기억하면 '성공'확률이 높아진다. 그리고 제발 **완벽하게 쓰려고 시간을 낭비하지 말라!**

나중에 수정될 수 있다. **의지**는 그대로 두고, '시작(START)의 S는 계속 바뀔 수 있는 것이다'라는 생각으로 작성해야 한다. 가볍고 경쾌하게 진행하라. 시작(START)의 S에는 '얇게 가볍게'를 뜻하는 Slim의 의미도 있는 것이다.

(START)의 S
- 가볍게 시작하자
- **남의 눈을 의식하지 말라**

당신은 '성공'하려는 것이지,
'소설가/카피라이터'가 되려는 것은 아니지 말입니다!

Story of Wish

(성공하고 싶어하는)
친구를 백만장자로 만든다.

Story of Future

'너' 덕분에 일이 이렇게 잘됐어.
'정말 고맙다' 라는 말을 듣는다.

시작(START)의 S에서 원하는 정도는 이 정도이다. 당신이 부담 없이 생각하고 쓰는 것 말이다. 여기서 부담 없이 라는 것은 '실패하면 어쩌지?'가 아니라, '성공하면 좋겠다.' 정도의 생각이 나는 것을 떠올리고, 그것이 이루어졌을 때 '당신이 행복한 상상'을 떠올려서 표현해 보라는 것이다.

실패하면 어쩌지 〈 **성공하면 좋겠는 걸**

2가지면 된다.
1문장으로 쓰고 : '친구를 백만장자로 만든다!
그래서
행복한 즐거운 상상:
'(그 친구가) 너 덕분이야 고마워!'라고
말하는 장면이 내 생애에 있으면 얼마나 좋을까! 라는 것에서 시작(START)시트의 S가 완성되었다.

자 이제 당신의 시작(START)-S를 수정해 볼 시간이 되었다. 앞에서 작성한 내용을 그대로 놓고 수정해도 좋고, 전혀 다른 내용으로 다시 작성해도 좋다. **좋은 결심보다 평범한 실행이 삶을 바꾸는 법이다.**

쓰고 고치고 또 쓰고, 세상의 모든 지도는 그렇게 만들어 졌다.
아! 당신에게 더 좋은 방법이 있다면 언제든 그렇게 하기를! 이 방법을 사용하든지 아니든지, 난 당신이 성공하기만을 바란다.

다시! 한 번 해봅시다!
(Again!)

질문1: **당신이 이루고 싶은 일**(=성취, 꿈 등)은 무엇인가?
되도록 한 문장으로 쓰시오.

(   )

질문2: 질문1이 이루어진 **미래의 상황을 설명**해보시오.
상황을 묘사하거나, 당신이 느낄 감정을 서술해 보시오.

Story

머리 속 그림을 확인하라.
그 다음 한걸음씩 서서히 목표를 향해 나아가라.

스튜어트 다이아몬드의 '어떻게 원하는 것을 얻는가' 중에서

2장

T-Find Trigger

'결정적 방아쇠'를 찾아라.

Trigger

당신을
'**동기부여**' 하여
움직이도록
만드는 것은 무엇인가?

당신이
정한 목표를
이루기 위해
이것이
얼마나 **중요**한가?

그 '동기'나 '중요한 것'을
방아쇠라 한다.

방아쇠를 찾는 것(Find Trigger)

방아쇠의 의미는 두 가지를 포함하고 있다.
'동기가 된다.'는 동기부여의 뜻이 그 첫 번째이며,
결정적 즉 '중요하다.'는 의미가 그 두 번째이다.

무언가를 하려는 시작은 +, - 두 얼굴을 가지고 있다. 못하기 때문에, **무언가를 하고 싶은** 더하기(+) 측면이 있고, 지금 하고 있으나 나에게 도움이 되지 않아서 **하지 말아야할** 빼기(-) 측면이 있는 것이다. 그리고 그것이 내가 선정한 시작(START)의 S에 **'얼마나 중요한가?'**를 질문해보아야 한다.

시작(START)의 S를 기준으로
A. 결과에 영향을 주는 일 또는 나를 움직이게 하는 일인가?
B. 얼마나 중요한가?
(위 A, B를 상, 중, 하 3단계로 구분해보면 우선순위 선정에 도움이 된다.)

방아쇠는 1개 일수도 있고 10개 이상일 수도 있으나,
우선순위로 3개까지를 정한다.
그러면 예를 들어보겠다.

시작(START)의 S - 바이어에게 관심유발을 통해 **계약을 체결한다.**

1. (A-상, B-상) 외국어 능력
2. (A-중, B-상) 자기관리
3. (A-중, B-중) 다양한 경험하기

바이어와 계약체결을 하는 것이 궁극적인 목표이다. 그런데 그 바이어는 외국인이다. 그렇다면 바이어에게 관심을 유발하기 위해 '소통'을 해야 하고, 그러면 외국어 능력이 '결과에 미치는 영향력'에서 '상', 그리고 중요도 면에서 '상'이 된다. 그러므로 1순위로 정한다. 자기를 관리는 자신의 가치를 높이는 일이다. 계약은 단순히 '내용'으로만 결정되지 않는다. 그 내용을 제안하는 '사람'을 보고 신뢰하는 부분도 상당히 크다. 그래서 중요도에서는 '상'이지만 1번 외국어 능력에 비하면 결과에 영향을 덜 주기 때문에 '중'인 것이다. 자연스럽게 2순위가 된다. 그리고 3번 다양한 경험하기는 A, B 모두 중이다.

위의 A, B라는 기준은 편의상 선정한 것이다. 꼭 이것을 따를 필요는 없다. 직관적으로 선정해도 상관없다. 이 시작(START)은 당신의 것이니까! 당신을 움직이는 것은 무엇이나 방아쇠이다. 그렇지만 시간이라는 자원을 생각하면 우선순위를 정하고 또 계획에서 불필요한 것들을 제외하는 것이 옳다. 위의 예에서 3번은 제외해도 괜찮을 것 같다. 그렇지만 **작성자가 필요하다고 느낀다면 당연히 있어야 한다.** 기준은 절대적으로 작성자라는 뜻이다. 다시 말하지만 우리가 지금 하려는 일은 '이상적인 답'을 찾으려는 것이 아니다. '나에게 유리한 답'

을 찾으려는 것이다. 인간은 자신이 이익이 있어야 움직이는 존재이니까.(모두는 아니더라도 대개는 그렇다.)

이제 방아쇠에 대해서 개략적으로 알 수 있을 것이다. 일단 함께 작성을 해보도록 하자. 내가 생각하는 좋은 책의 정의는 이렇다. '내용이 좋거나', '정리가 잘된' 것보다는 '읽는 사람의 능력'을 올리는' 책이 좋은 책이다. 그래서 당신에게 부탁하고 싶다. 이 책을 좋은 책으로 만들어주시기 바란다. 다음에 나오는 빈칸이나 또 앞으로 나올 빈칸들을 채우면서 읽어주시기를 바란다. **당신이 진화하고 발전하고 강해지는 것, 그게 이 책의 존재이유니까.**

당신이 바라는/원하는 것 일이나 목표는? 1 문장으로 쓰시오!
(   )

이제 당신이 바라는 목표를 달성하기 위해서 결과에 영향을 주는, 그리고 중요한 일은 무엇인가를 다음에 적어보라! (최대 3가지까지)

Find **T**riggers

1.

2.

3.

다음은 여주대학교 호텔경영학과 학생들이 선정한 S와 T이다.
책에 인용을 허락해 준 11명의 학생들에게 감사를 표한다.

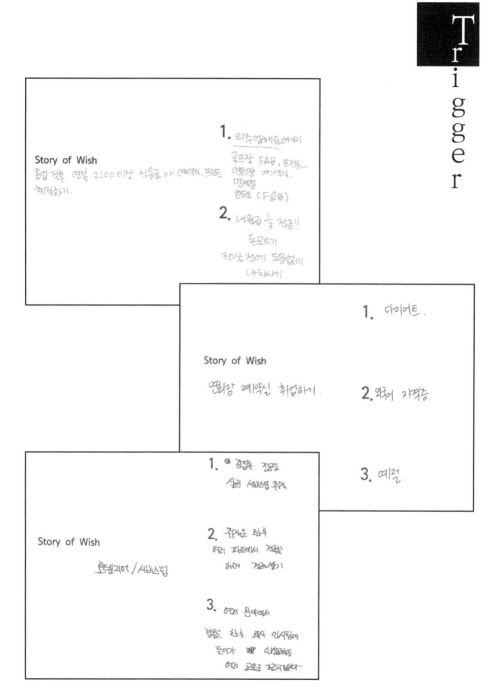

Story of Wish
취업 직후 연봉 2100 이상 녹음표 아 예역했. 프론트
적격하기.

1. 만주업체들에게기
곤판장 F&B, 프런트
연회장 예이약닥.
연예정
호텔 (F&B)

2. 내월금 늘 적중!!
돈모으기
30살 전에 도움없이
나가차기.

Story of Wish
연회장 예약신 취업하기.

1. 다이어트.

2. 영역 가격증.

3. 예절.

Story of Wish
호텔리어 / 서비스업

1. 좋좋못 점못은
실력 서비스멍 추먹

2. 준거운 라후
여러 프로젝서 경험을
하며 경과내기

3. 여러 문다에서
경경은 라후 랙사 인식팀에
들어가 룋 신성장중
여러 교육을 젹기댐다

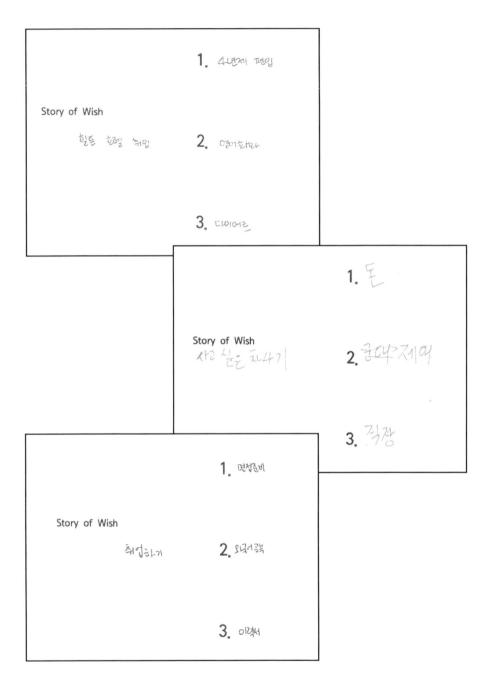

Story of Wish

힐튼 호텔 취업

1. 4년제 편입

2. 영어회화

3. 다이어트

Story of Wish

사고 싶은 차 사기

1. 돈

2. 군대제대

3. 직장

Story of Wish

취업하기

1. 면접준비

2. 외국어공부

3. 이력서

Story of Wish

카페 창업.

1. 창업에 대해서
   공부

2. 기본적인
   영어, 일본어, 중국어

3. 커피에 대해서
   공부

Story of Wish

아시아나 항공 승무원

1. 어학(토익공부)

2. 스펙

3. 발음교정

Story of Wish
자유로운 직장, MD, 프리랜서

1. 체력

2. 외국어

3. 능력

한 분의 시작(START)-T를 분석해보겠다. S가 '힐튼 호텔 취업'이다. 구체적이고, 목표가 명확하고 확실하다. 좋은 시작이다. 대조를 시켜 보면 더 확실하게 알 수 있다. 다음에서 확인해 보시라 가, 나, 다 중 어느 것이 가장 구체적인가?

가. 취업
나. 호텔 취업
다. 힐튼 호텔 취업

당연히 '다'이다. 구체적이면 머릿속에 '그림처럼' 상상하기 좋다. 마치 과녁이 가까운 것처럼 '확실하게' 보인다. 그래서 가야할 길을 알게 되는 것이다. 시작(START)-T는 사실 S에 달려 있다. 이 분의 T는 다음 세가지이다.

1. 4년제(대학) 편입
2. 영어 회화
3. 다이어트

만약 힐튼 호텔 취업이 아니고, 그냥 취업이라면 꼭 4년제를 졸업할 필요는 없을 것이다. 힐튼 호텔의 입사자 기준 스펙이 4년제 대학이므로 1번이 성립되는 것이다. '나'의 현재 상황과 내가 하고 싶은 일 - S (힐튼 호텔) 사이의 간극(차이 또는 갭)을 메우기 위해 T를 지정해야만 한다. 더 살펴보면 이렇다. 힐튼 호텔의 직원의 영어 회화 실력(S)

과 나의 영어 회화(T) 실력이 차이가 있으므로 '해내야만 한다. 그리고 보니까 그 곳의 직원들은 나보다 체형이 슬림하구나 라는 생각에서 '다이어트'가 나온 것이다.

T가 잘 생각이 안 난다면 S가 너무 멀리 있는 것이 아닌가 생각해 볼 것. S는 수정될 수 있는 것이다. 인간의 마음은 갈대가 아니라 '슈퍼 울트라 페라리'인 것 같다. 막 달려 가다가 다시 막 달려온다. 당연한 것이니 부담 갖지 말고 지워버리고 다시 쓰자.

시작(START)-T가 잘 안되면 S를 수정하자!

취업 선배로서 한마디 하고자 한다. 조금 더 구체적이었으면 좋겠다. 힐튼 호텔의 프론트 직원 또는 힐튼 호텔의 F&B(식음료) 매니저 정도까지는 구체화 되어야 한다. 왜냐하면 구직 준비를 하면서 지원하려는 업무를 파악할 때, 가장 좋은 방법은 그 업무를 하는 사람에게 직접 물어보는 것이다. 프론트와 F&B(식음료) 파트는 업무의 성격이 전혀 다르다. 다르면 질문도 달라야 하고, 준비도 당연히 다르게 해야 한다. 장소에 따라 기업에 따라 쓰이는 용어가 다르다. 심지어 똑같은 것인데 부르는 용어가 다른 경우도 많다.

호텔에서 사람들을 맞이하는 곳 – 호텔 프론트
공항에서 사람들을 맞이하는 곳 – 공항 프론트(X) **공항 데스크(O)**

공항에 근무하는 사람들은 프론트와 데스크를 구분한다.

시작(START)-S, T, A는 이렇게 정리된다. &
S - 즐거운 상상
T - 괴로운 현실 인식
A - 그러면 어떤 행동을 할 것인가!

풀어보자면 이런 것이다. 즐겁고 행복한 곳(S)으로 가기 위해서 그 곳에 대해서 구체적으로 머릿속에 그려본다. 그래서 행복하고 즐거워야한다. 그런 다음 지금보다 나은 곳으로 가기 위해서는 현재의 나를 바라봐야 한다. 이런 것이다. 날고 싶은데 날개가 없거나, 가고 싶은데 더럽게 힘들거나, 갖고 싶은데 땡전 한 푼 아니 빚만 잔뜩 이거나, 고백하고 싶은데 여드름투성이에 스팩도 꽝이고, 해외파병을 지원했더니 장기복무하라고 하고, 인공지능 만들어보려 하는데 해주신다는 조언이 코딩 못하잖아 코딩 배우라고, ... 거의 다 나의 이야기이다. 100가지는 못되어도 20가지는 꼽을 수 있다. 그것을 떠올리니 잠시 회상에 잠긴다, 난 ,,,, 정말 못났구나. (곽랑주 사례중에서)

그러나!

즐거운 상상을 위해 달려가자.
못난이가
성공하는 것.
그게 이야기 아닌가?

- 제국의 지배자. 게다가 초능력 짱 다스베이더에게 이기는 이야기
  : 스타워즈

- 333척 사실 그보다, 왕도 피해서 도망갈 만큼 강한 적을 대항해 단
12척으로 승리한다.
  : 명량

당신이 힘들고 괴로운 상황이라면 그것을 START-S로 만들려는 생각
을 해야 한다. 그리고 그것을 이루어 내는데 우리가 도움을 주고자 한
다. 함께 '이야기'가 되는 '전설'을 만들어 보자.

당신이 기획부서의 관리자라고 가정하자. 부하직원이 작성한 매출계
획서를 봤을 때 어떤 것을 가장 먼저 보겠는가? 나라면 계획의 수치
를 먼저 보라고 권하고 싶다. 또 예를 들자 중장기 매출확대 기획인데
몇% 확대가 '적절'한가? 2년 후에 말이다.

음----.
50%는 어떨까? 100%?, 또는 200%

다음은 조금 '황당한' 이야기이다. 황당한 목표가 이루어지면 사람들
은 그것을 '전설'이라고 부르곤 한다.

시작(START)-T

시작(START)
S: '친구를 백만장자로 만든다.'

T1: 계약조언(영향력 상, 중요도 상)
T2: 상품기획(영향력 상, 중요도 상)
T2: 마인드업(영향력 상, 중요도 중)

친구를 백만장자로 만든다는 것도 허황하다고 느낄 수 있지만 그보다 더 황당하게 느낄 것은 조금 있다가 이야기 하겠다.

백만장자가 되기 위해서는 좋은 선택을 해야 한다. 그 좋은 선택을 하도록 충분한 조언을 해 주는 것이 나의 역할이라고 생각한다. 또 무언가를 파는 것이 기업의 본질이므로 잘 팔리는 상품으로 기획하는 것이 두 번째 중요한 방아쇠라고 생각되었다. 그리고 일이라는 것은 '신념' 이 만들어 내는 것이므로 계속할 수 있도록 응원해주는 것을 선정하였다.

그리고 다음 장에 더 자세하게 설명하겠지만 T는 A-Action과 이어진다. 'T1-계약조언'에서 만들어진 A를 공개하겠다.

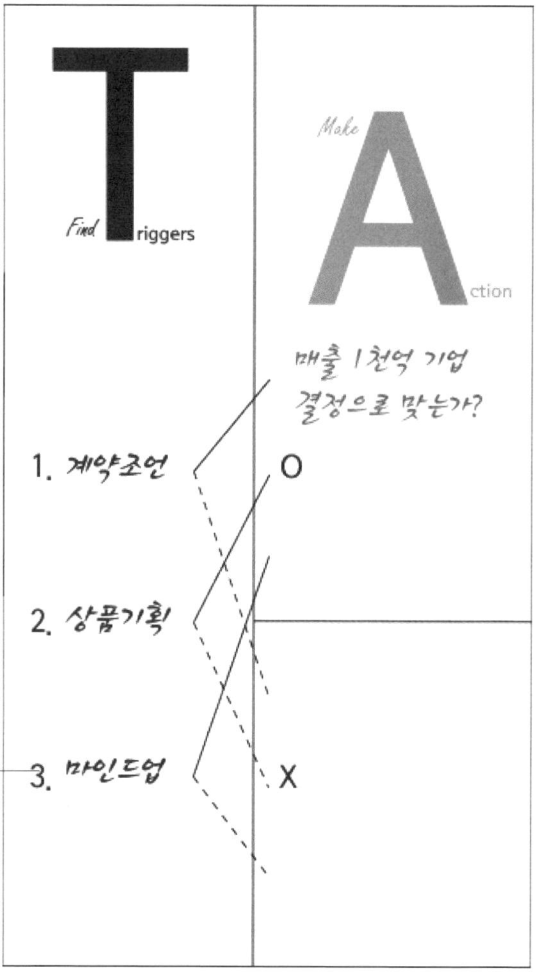
Find Triggers
Make Action
매출 1천억 기업
결정으로 맞는가?
1. 계약조언
O
2. 상품기획
3. 마인드업
X

매출 1,000억 (1,000명 직원의 중견기업)으로 그 결정이 '맞는가' 생각하고, 계약에 관련하여 조언한다.

현재 이 기업은 매출이 년 매출이 1억이 안 된다 그러므로 약 1,000 배의 성장이다. 그럴 수 있겠다고 생각하신다면, 당신은 사업을 하지 않으셨던 분일 것이다. 그렇다. 사업을 해본 분들은 이 1,000% 성장이 어떤 것인지 알고 있다. 얼마나 대단하지, 또 그게 가능하다는 것도 말이다. 대기업의 한개 부서는 3~5% 성장도 대단하게 느낀다. 10% 성장이라면 굉장히 모험적인 도전이라고 느끼며, 머릿속으로는 '안될 꺼야'라고 예상하기도 한다.

허황되고 황당하다?

그래서 전설이 되는 것이다. 이순신 장군을 모르는 외국인에게 물어보라 333 대 12의 싸움을 말이다. 누가 이기겠냐고? 그리고 당연한 대답을 하는 그에게 이렇게 말해줘라. 333척을 상대해서 12척으로 싸워 이긴 사람이 우리 조상님이라고. 그리고 '명량'을 소개해줘라. 이 영화가 그 실화를 바탕으로 한 영화라고 말이다. 또 더하여 이야기 해줘야 한다. 우리 조상님들이 인류사에 최초로 '철갑 전투선'을 만들었다고 말이다. 우리 민족은 '최초'를 만들어내는 민족이다. 최초의 철갑선 뿐아니라 최초의 금속활자.(구텐베르크보다 200년 빨랐다는 것은 모두 알고들 있지않은가?) 그리고 이런 상상도 해 본다.

최초의
'애국심'을 가진 인공지능

최초의
외계곤충 살충제

최초의
기계를 가르치는 교육체계 등

고려 시대의 조상님들이 또 조선 시대의 조상님들이 하실 수 있었다면, 우리도 할 수 있지 않을까? 우리는 '12'로 '333' 정도는 이길 방법을 찾을 수 있다고 생각하는 민족이다. 그러한 자신감이 있는 민족이라는 것이다. 이런 자신감의 DNA를 심어주신 이순신 장군님께 다시 감사를 올린다. 특히 수 많은 전투에서 함께 땀과 피와 눈물을 흘린 사람들의 **이름**을 불러 주신 (기록에 남겨 주신) 것에 대해서 존경을 올린다.

인간에게 이름이 기억된다는 것은 그 자체로 고마운 일이다.
그 시간의 삶이 누군가에게 **'의미' 있었다는 것이니까**.

사람은 누구나 타인에게 '의미 있는 존재'가 되고 싶다.
어쩌면 이순신 장군님은 그 원리를 잘 알고 계셨던 것 같다.

그래서 이제부터는 시작(START)-T를 사람의 측면에서 찾아보겠다. 만일 시작(START)-S가 '어떤 사람에 대한 것'이라고 가정해 보자. 예를 들자면

시작(START)-S:
'잡스'를 설득해서 계약을 체결하겠다.

위와 같은 목표이면 시작(START)-T는 다음이 될 수밖에 없다.
'잡스'에 대해서 '핵심적인 무엇'을 찾아낸다.

즉 대상에 대한 연구를 해야 한다는 뜻이다. '잡스'
를 이해하면 할수록 계약의 체결에 가까워질 수 있으니까.

일반적으로 사람을 파악하는 방법은 다음과 같다.
- '잡스'가 좋아하는 것 / 싫어하는 것의 분류
  : 음식, 취미, 종교, 정치적 성향 등
- '잡스'의 인간관계
  : 가족, 친구, 동문수학한 사람들
- '잡스'의 과거
  : 어디서 공부, 근무, 일했나

그렇지만 이 책을 읽는 여러분은 '한 발 더' 나아가야 한다고 생각한다. 그래서 이렇게 제안한다. 당신이 누군가를 파악해야 한다면 당신은 반드시 그 사람의 어떤 '상황'에서 어떻게 '행동'했는가를 파악하라!

인간을 구분하는 것 = 행동

생각 그 자체로는 세상에 영향을 주지 못한다. 최소한 키보드를 치거나, 손가락을 꼼지락거려 문자가 되거나, 입 밖으로 나와야 무언가를 바꿀 수 있다. 그래서 사람을 이해하려면 그 행동에 집중해야 한다. 즉 어떤 상황일 때 어떻게 행동한다는 것을 파악하면 된다.

행동을 결정하는 것 = 상황 + 선택

행동이 바뀐 것처럼 보이는 것중에 많은 것은 '상황'이 바뀐 것이다. 그런데 사람의 '선택'의 잘 바뀌지 않는다. '사람은 바뀌지 않는다!' 라는 말은 '그 사람의 선택은 항상 비슷하다!'라는 의미이다. 또는 '상황이 바뀌지 않는 한 사람은 같은 선택을 한다.'라는 뜻이다. 당신은 이렇게 말할 수 있다.

"선택이 바뀌지 않는다고? 난 점심시간에 어제는 '자장면'을 선택했지만 오늘은 '짬뽕'을 선택했다. 선택이 바뀌었는데?"

내여기서 선택은 조금 더 넓은 의미이다. 앞의 예에서 보자면 당신은 '점심시간'이라는 환경 하에서는 '중국음식'을 '선택'하는 경향이 조금 더 높다.라고 분석하는 것이다. 그리고 '하루라는 시간'(환경)이 지나면 그 전에 골랐던 음식 메뉴를 '회피'하는 선택을 한다. (2주 정도의 점심 메뉴를 알면 패턴분석을 통해 훨씬 더 정확한 답을 낼 수 있다. 위 2줄의 문장은 조금 데이타가 모자라다.)

환경 + 선택
점심시간(환경)이면 중국음식(선택)
하루가 지나면(환경) 다른메뉴(선택)
&

여자라면 다이어트를 한 번 이상 시도하고 실패한 경험이 있을 것이고, 남자이고 50대라면 과체중 상태일 가능성이 높다. 또 성별을 넘어서 다른 사람의 의견에 '반론'을 제기하는 것으로 보아 대한민국의 공교육을 '잘(?)' 받은 것으로 사료된다.

다른 사람이 보는 것보다 다르게 본다는 것은 곧 '깊이' 본다는 의미다. 그리고 현대사회는 '깊이' 생각하고 판단하는 사람을 '유능한' 사람으로 취급한다. 그래서 같은 직무를 하더라도 조금 더 많은 급여를 받는다. (같은 직무를 할 경우도 많지는 않다. 진급이 빠를 수밖에 없으니까.)

우리는 지금 당신이 조금 '깊이' 생각하기를 강요하고 있는 것이다. 몇 만원도 되지 않는 책이지만 여러분에게 몇 만원짜리의 효과를 주려는 것이 아니다. 우리의 목표는 당신이 1,000배는 강력해지는 것이다. 그러한 상상이 우리를 움직인다. 우리를 자극한다.

사람들을 자극하고 움직이는 것을 '동기'라고 한다. 동기가 방아쇠가 될 수 있다. 예를 들자면 이런 것들이 있다.

시작(START)-T

대학교 졸업과 취직에 대한 불안감
부모님의 걱정 덜어드리기

하나. 취업에 대한 간절한 마음,
둘. 기존에 계획 했던 목표(대학교 4학년 때 취업or인턴).
셋. 항공산업에 대한 vision.
넷. 항공산업에 대한 **급격한** 관심!

인천공항에서 일하고 싶은 마음
항공산업에 경력을 쌓으면
이 항공업에 내 꿈을 실현 시킬 수 있고 비전이 있다는 믿음

실전 경험을 쌓고 싶은 열정
하나, 둘 취업해가는 친구들

당장 취직하고 싶은 간절한 마음,
친구들의 취업, 설 연휴

목원대학교 항공과정 START 중에서

부모님의 걱정을 덜어드린다는 '동기'가 있으면 행동에 나설 수 있다. 아버지 또는 어머니의 이름을 걸고 하는 구직 준비라면 1년 내에 될 것이다. 결국 기업이 원하는 충성과 부모에게 하는 효도는 본질적으로 닮았으니까. 항공산업에 대한 '급격한' 관심! 에서 '급격한'이라는 단어는 과거에는 관심을 갖지 않았고, 최근에 알게 되었다는 뜻이다. 놀람은 새로운(New) 것에서 시작되니까.

하나, 둘 취업해가는 친구들 즉 주위 사람을 신경쓰고 있다는 것은 '사회성이 높은' 사람이라는 뜻이고, 서비스업에 맞는 성향이라는 것을 증명한다.

위와 같이 동기에는 '사람'이라는 '기본'이 있다. '부모님', '친구' 그리고 무엇보다도 '나'. 즉 사람을 파악한다는 것은 당신의 동기를 파악한다는 것과 유사한 말이다.

그러면 이럴 때는 질문이 필요하다.

질문: 당신이

좋아하는 음식은 무엇인가?

(   )

그 중에서 딱 한 가지를 골라 동그라미를 치시오.

좋아하는 음악은 무엇인가?

(   )

그 중에서 딱 한 가지를 골라 동그라미를 치시오.

즐겨 부르는 노래는?

(   )

그 중에서 딱 한 가지를 골라 동그라미를 치시오.

<u>꼭 적을 것!!!</u>

그렇다면 이제부터 진짜 '시작'이다.

앞에서 동그라미 친 음식의 레서피를 적어라.

앞에서 동그라미 친 노래 가사를 시작부터 끝까지 적어보라.

당신의 동기부여는 당신이 무엇을 얼마나 좋아하는지 또 그것이 진실인지 아닌지를 확인하는 절차가 필요하다. 앞에서 당신은 당신이 좋아하는 것을 '얼마나' 좋아하는지를 확인해 본 것이다. 성별이 남자이든 여자이든 그것은 상관없다. 좋아하는 음식을 만들어 보았든지 아니든지 그것 역시 중요한 것이 아니다. 중요한 것은 그것에 대한 관심의 정도이다. 좋아하는 것이 '먹는 것'자체라면 어쩌면 당신은 그 음식을 좋아하는 것이라기보다 그 음식을 '먹는 것' 자체를 좋아하는 것이 아닌지 스스로 생각해 보아야 한다. 아니면 그 음식을 함께 먹는 사람 아니면 과거에 그 음식을 먹을 때 함께 있던 사람을 좋아하는 것이 아닌지 확인해 보아야 한다. 그래야 어느 날 그 음식이 갑자기 역겨워졌을 때 당황하지 않을 수 있다.

노래도 마찬가지이다. 즐겨 부르는 노래인데, 가사를 다 쓸 수 없다? 노래방에서 불러서 그렇다고? 그것이 가장 큰 영향일 것이다. 자막을 외울 필요 없는 상황에서 당신은 그 노래를 '좋아한다는 선택'을 하는 것이다. 다시 한 번 스스로에게 물어보자. '노래방에서 부르기 좋아하는' 노래 아닌가?

무언가를 좋아한다는 것도 따지고 보면,
'어떤 상황'에서 **'어떤 행동 하는 것'**을 좋아한다.는 것이다.

이제 부터는 무언가를 좋아하는 사람이 결과를 다르게 만드는 이야기를 해 보겠다. 마음가짐이 결과를 바꾼다는 가정이다.

바쁘게 일하고 있는 3명의 벽돌공에게 물었다. 무엇을 하고 있는가?

1. '벽돌'을 쌓느라고 바쁘다.

2. '벽'을 쌓느라고 바쁘다.

3. 나는 엄청난 '성당'을 짓고 있답니다.

　자신이 하는 일에 대한 자각이 얼마나 동기부여를 할 수 있는가를 알려준다. 주1)

구직자들에게 '야근하는 회사를 좋아하는 분 손들어보세요.'라고 질문하면 거의 한 명도 손을 들지 않는다. 그런데 기업에서 (관리자급 이상) 교육을 진행할 때 '기꺼이 야근하시는 분 손들어 보세요.'하면 꽤 많은 숫자가 손을 든다. 기꺼이 야근을 하고, 그 야근을 수고라고 생각하지 않는 사람이 결과를 만들어 낸다. 그럼에도 불구하고 3번의 경우가 쉽지 않다는 것을 우리는 잘 알고 있다. 왜 똑같은 급여를 받는데 어떤 사람은 미친 것같이 일하고, 어떤 사람은 눈치를 보며 일에서 도망 가려 할까? 왜 시작은 같은데 급여가 오르는 사람과 회사에서 쫓겨나는 사람이 존재할까?

'동기부여'의 문제라고 생각한다.

자기 스스로가
무엇을 좋아하는지 모르고,
무엇을 잘 하는지도 모르며,

꿈을 이루어 본 경험도 없기 때문이다.
(꿈을 이루었다는 사실을 잊은 것이지, 단 한 번이라도 꿈을 이루어 본 경험이 없는 사람은 없다. 이미 당신이 존재한다는 것은 '세포시절'의 꿈을 이룬 까닭이다.)

다시 벽돌공의 이야기로 돌아가자. 현대인은 참 바쁘다. (사실 그럴 필요는 없는데.) 그건 상황이니까 굳이 더 언급하지 않겠다. 이야기에서도 3명은 모두 바쁘게 일하고 있다. 그런데 3명 중 '일 하는 것'이 고통스러운 사람은 누구인가?

(1, 2, 3) 중에서 선택!

그렇다 우리도 똑같이 생각한다!
당신이 어떤 이유라도 말 한다면, 그것은 그럴 수 있기 때문이다.
우리는 2명을 선택했다.

고통과 행복은 '가치'의 문제일 수 있어서, 정답을 정하기가 쉽지 않다. 그렇지만 스포츠 경기는 승패가 상대적으로 정확하다. 숫자로 표시 되니까 말이다. 그래서 질문을 바꾸겠다. 당신이 성당의 신부님이고, 벽돌공에게 다시 신축하는 성당의 벽을 쌓는 일을 맡기려 한다면 어떻게 할 것인가? (1~4번까지에서 어디까지 할 것인가?)

1. 위의 3명이 '과거'에 쌓은 '벽'을 살펴본다.(실적)
2. 그 중에서 잘 쌓아진 벽을 선택한다.(비교)

3. (일터에서) 그 사람에게 어떤 마음으로 일하는가? 라고 물어본다.
4. 벽돌공의 복장을 하고 3번 질문을 한다.

2번까지 하는 것도 좋은 것이다. 그렇지만 4번까지 하는 것은 위대한 성당을 만드는 길이다.

좋은 정도에서 멈추는가?
위대한 길을 가는가?
그것은 실천에 달려 있다.

동기부여의 또 다른 측면: 지키고 싶은 것!
당신이 지키고 싶은 것 10가지를 써보라.

내 친구들/나와 가족의 행복과 건강/노트북/핸드폰/여자친구/웃음/음악/음식/적당한 긴장감/일상

가족들/여자 친구 친구들/나/아무생각 없이 게임하기/아침에 일어나서 담배/느긋한 낮잠/비 오는 날 안에서 비 바라보기/음식 우적우적 먹기/겨울에 따뜻한 이불 속 느낌/새로운 곳에 가는 설렘

내 가족들/나 자신(신체)/나의 기억(살아온 것들)/내 친구들(인연)/자연/남이 지키고 싶은 것 1가지/돈/책/존중받는 사회/개혁

신발 컬렉션/튼튼한 다리~발/달릴 수 있는 건강한 폐/외모를 위해 고치지 않은 신체/구겨지지 않은 옷/컴퓨터/나의 공간에 들어올 수 있는 사람들/악기를 다룰 수 있는 손, 손가락/내 방,공간/음악

건강/가족/친구(사랑)/엄마 밥&음식/바쁜 생활/몸무게/사진/여유/스마트폰/피부

나/가족/돈/친구/혼자마시는 맥주/카페랑 커피/예쁜 옷/컴퓨터에 소장된 아끼는 엔드라이브 사진/내 노래리스트

가족/휴대폰/향수/게임/자동차/젊음/남자친구/음식/친구들/버블티(밀크티)

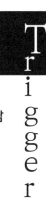

Trigger

**가족/친구/프라이버시/약속/건강/음식/밝은 미소/긍정적 사고/미래의 남
자친구/모닝커피**

강의장에서 작성된 실제 예이다. 그 내용들을 참고하고 또 당신의 시
작(START)-T를 생각해보자.

당신을 움직이게 만드는 '**동기**'는 무엇인가?

당신이 원하는 시작(START)-S를 떠올리고

.

.

.

다시 시작(START)-T를 작성해보자.

Find Triggers

1.

2.

3.

Trigger

그 누가 자신이 사랑하지 않는 일을 위해서 인내하고
참아냅니까? 사업은 매우 힘든 일이고 계속 고민과
걱정거리들이 생겨납니다. 그래서 만약 일을 사랑하
지 않는다면 결국 실패하고 말 것입니다.

스티브 잡스

'D5 Conference: All Things Digital, May 30, 2007' 중에서

3장

A-Make Action

'행동'을 만들어가라

행동에는
2가지가 있다.
+ 와 -
즉
'**하는 것**'도 행동이고,
'**하지 않는 것**'도 행동이다.

이 책의 원고가 쓰여진 곳은 어디였을까? 상상을 해보자. 어떤 소리가 들리는가? 새소리일까? 새 소리라면 새는 친구를 부르는 것일까? 짝을 찾는 것일까? 바람소리일까? 대나무 사이로 바람이 흐르는 소리일까? 창 밖으로 무엇이 보이는가? 사람들이 열심히 어디론가 가는 모습일까? 비 속에서 달리는 자동차인가? 모두 맞다. 혼자 또 한 곳에서 작성된 것이 아니니까. 장소도 여러 곳이고, 상황도 여러 가지다. 그 속에서 우리는 한가지 목표로 행동해 왔다. '시작'을 위해서 말이다.

100번의 생각보다 1번의 실천을!

어느 신문의 아주 짧은 칼럼의 제목이다. 그리고 시작(START)-A에 딱 맞는 조언이기도 하다. 그렇지만 그 짧은 1,000자도 되지 않는 칼럼을 다 읽지도 못했다. 아니 읽지 않았다. '1번의 실천'이 이 책을 위해 한 줄을 쓰는 행동이라면 그것을 하는 것이 옳다고 생각했기 때문이다.

당신은 시작(START)-A까지 왔다. 우리의 여행에서 반을 너머 온 것이다. 그리고 이제 정상을 향해 가는 중이다. 시작(START)-S와 시작(START)-T는 수정하고 완성하는 것이 중요하다면, 시작(START)-A는 실행(실천)이 중요하다.

하거나! 하지 않거나!
그 실천에 답이 있고, 가치가 있다.

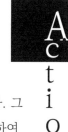

여기까지는 우리가 읽어온 자기계발서의 내용과 정확히 일치한다. 그게 옳으니까, 당연하니까 말이다. 그런데 이제부터는 조금 더 더하여 할 일이 있다.

실천을 해라? 아니 "길을 내라!"

아직도 실천 또는 실행에 대해서 의문이 있다면, 한 줄로 당부하고 넘어간다. "단지 머릿속 생각만으로 만들 수 있는 김치볶음밥은 없다." 행동이 결과를 만든다. 무엇을 하거나 하지 않거나 '의지'를 가진 행동이 있어야 무언가 만들어 진다.

결과가 만들어지는 과정과 무척 비슷한 것이 있다. 바로 길이 만들어지는 모습이다. 아무도 가지 않은 산 속에 당신이 혼자 있다고 가정을 해보자. 이왕이면 날씨도 좋고, 꽃도 피어 있고, 알지는 못하지만 먹음직한 열매에서 좋은 향기가 솔솔 나는 그런 산속 말이다. 생각만 해도 미소가 떠오르는 그런 상황을 상상하라. 그런데 **길이 없다. 건너서 집까지 가야하는데** 길이 없지만 그렇게 험하지 않은 잡초평원이라면 당신은 어떻게 하겠는가?

(   )

앞에 생각하신 내용이 다음 중 어디에 가까운가?

1. 가야겠지, 길이 없어도.
2. 길을 찾아야 하지 않나?

둘 다 좋다. 그렇지만 2번이시면 시작(START)-S로 잠시 돌아가셔야 할 것 같다. 아직 시작(START)-A 단계는 아닌 듯하다. 또 조금은 우려스럽다. 그렇게 안전을 우선하다보면, 삶이 불만스러워질 수도 있을 것이기 때문이다. 신중함은 좋은 그리고 옳은 가치임에 뿐명하다. 그렇지만 꿈을 이루기 위해서는 신중함보다 위대함이라는 가치에 더 중심을 두어야 한다. 비난을 하자는 것이 아니라, 같이 가자는 뜻이다. 시작(START) 모두를 함께 해보고 그 다음에 선택을 하기를.

1등은 저자인 랑주와 인연이 별로 없었다. 그렇지만 1등을 하는 사람과 인연이 있는 것 같다. 그래서 1등이 어떻게 공부하는지, 1등이 어떻게 일을 하는지 '관찰'할 기회가 여러 번 있었다. 경쟁이라는 상황에서 그들은 거의 비슷한 행동을 한다. 전교 수석이었고, 대학입시에서 전체 2등을 했으며, 지금은 변호사인 친구의 이야기이다. '공부'를 기준으로 그를 관찰한 이야기를 해 보겠다.

수학 시험에서 1등을 하는 사람은 누구일까? 수학 문제를 가장 많이 푼 사람! 그럴 가능성 높다. 그러나 어느 수준을 넘어서면 단순히 많이 푸는 것만이 1등을 결정하는 것은 아니다. 왜냐하면 시험 과목이 수학 한 과목은 아니라는 것이 그 첫 번째 이유이다. 과목이 여럿이기 때문에 수학에만 24시간을 투입할 수는 없다. 두 번째 이유는 어느 수준에 오르고 나면 문제를 많이 푸는 것만으로 더 이상 실력이 향상되지 않기 때문이다. 즉 시간을 투입해도 원하는 결과가 나오지 않는 수준이 분명히 있다. 당신의 글을 읽는 능력은 어떠한가? 많이 읽으면 읽을수록 더 빨라지는가? 걷기는 또 어떤가? 말하기는 어떤가? 모두 마찬가지이다. 어느 수준에 이르고 나면 그 성장이 느려지는 구간이 반드시 존재한다. 즉 무조건 많은 반복만이 좋은 결과를 말하는 것은 아니다. 그렇다면 1등은 어떻게 했기에 1등을 했을까? 그것은 바로,

초반에 빠른 속도!

수학은 원리를 익히고 공식을 외우는 것이 가장 어렵다고들 한다. 나도 그랬다. 그런데 그 과정이 지나고 나자 쉬워졌다. 그런데 1등하는 사람들은 그 가장 어려운 과정에서 속도를 내더라. 정확히는 마치 잡초 밭에 길을 내려는 듯 무수히 왔다 갔다를 반복했다. 잡초는 한 번 밟아서 잘 죽지 않는다. 새벽에 이슬만 먹고도 다시 일어난다. 그런 잡초 밭에 길을 내려면 자주 여러번 밟는 방법 밖에 없다.

언제까지? 길이 나에게 보일 때까지.

처음에는 뭐하나 싶다. 해도 해도 티도 안 나고, 재미도 없다. 그런데 1등들은 알고 있더라. 그 과정을 빠르게 지나가야 한다는 것을 말이다. 그리고 풀이 일어나기 전에 다시 또 지나간다. 즉 반복한다. 이미 여러분은 이 책을 읽으며 무언가가 반복되고 있음을 어렴풋이 알고

있을 것이다. 교묘하게 우리는 당신이 2번 이상씩 반복하도록 계획했다. 한 번 지나가는 것으로 길이 나지 않기 때문이다. 최소한 두 번은 해야 '개념'은 알 듯하니까 말이다. 한 번에 이해한 분들에게는 미안하다. 거의 모든 것은 두 번은 해야 조금 이해하는 못난 저자들 때문이다. 책임은 모두 글쓴이들에게 맡기고 여러분은 전진하면 된다. 길이 보일 때까지.

그런데 행동은 하는 것과 **하지 않는 것**이 있다는 데 그것이 무엇이냐를 질문하는 분들이 많다. 그렇다면 당신이 대입을 준비하는 학생이라고 가정해 보자. 당신은 원하는 대학이 있을 것이다. 그리고 그 대학에 가기 위해서 필요한 점수가 있을 것이고, 현재는 그 점수가 모자란다고 가정하자. 아마 당신은 '공부 시간'을 늘리려고 할 것이다. 그러면 '스마트폰 시간을 줄인다.', 'TV를 끊는다.', 등의 계획을 세울 것이다. 앞의 '줄인다!', '끊는다!', 등이 하지 않는 마이너스(-)형 행동이다. '하지 않는다.'는 것이 적극적인 행동일 수 있다. 나의 경우 '강의 전날 술을 먹지 않는다.'라는 마이너스(-)형 행동규칙을 가지고 있다. 약 10년이 다 되어가니까 신념처럼 되었다.

마이너스(-)형 행동의 법칙

'하지 않는다!'는 약속은 사실 지켜지기 힘들다. 그 자체를 좋아한다는 것이니까. 예를 확인해보자. 앞에서 '스마트폰을 줄인다!'라는 것을 살펴보자. 사실 이런 실행계획은 지켜지기 힘들다. 왜냐하면 마이너스(-)형 행동의 법칙을 따르지 않았기 때문이다. 스마트폰을 왜 줄이려하지? 공부시간을 늘리려고? 그것보다는 '스마트폰을 하는 시간이 많으니까.'이다. 하지 말아야지 하는 것은 그것을 많이 하고, 좋아하고, 또 습관이기 때문이다. 그런데 그것을 덥석 하지 않겠다고? 다짐한다고 안되는 것, 우리는 알고 있지 않은가? 이 책을 필요에 의해서 구매한 사람이라면, 과거에 그런 약속 분명히 했을 것이다. 물론 실패도 경험했고 말이다. (아니라고? 진짜?)

하지 않겠다는 약속은 그것을 습관처럼 하기 때문에 만들어지는 것이다. 이미 길이 나 있는 것이다. 그 길을 바꾸려면 이 법칙을 따라야 한다. 약속 앞에 상황 또는 조건을 놓는 것이다.

스마트폰을 하지 않는다.(X)
학교나 학원에서는 (상황) 스마트폰을 하지 않는다.(△)

상황이나 조건을 넣으면 마이너스(-)형 행동이 힘을 갖게 되어 성공할 가능성이 높아진다. (이것이 상조법 상황과 조건 방법이다.) 그런데 100%는 아니다. 왜냐하면 상황이나 조건이 완벽하지 않기 때문이다. 이 본능이라는 녀석은 참 힘이 셀뿐 아니라 의지도 대단하다. 포기를 모른다. (걱정하지 말라. 길이 나고나면 본능은 오히려 당신의 친구가 되어 같이 싸워 줄 것이다. 강한 상대가 동료가 되면 훨씬 든든한 법이다.) 그래서 상황이나 조건을 무력화하려고 한다. 강력한 적은 내부에 있고, 내부의 적이 더 치명적이다. 학교나 학원에서 스마트폰을 하지 않는다는 것에 막혀있던 본능은 '방법'을 찾아내 공격해 온다.

'아프면 어떻게?'

'사고 나면 어떻게?'

역시 본능은 강력하다. 스마트폰의 원래 사용 용도로 슬며시 반격하는 것이다. 이럴 때는 '단' 방어법을 쓰면 된다.

마이너스(-)형 행동의 법칙
1. 상조법 (상황 또는 조건을 포함시켜라.)
2. 단-방어법 ('단'을 달아서 예외를 없애라.)

단 방어법이란 이런 것이다. 상황과 조건에서 모두 막을 수 없는 경우가 생길 때, 제한적으로 예외를 규정하는 방법이다. 그런데 중요한 것은 예외라고해도 본질을 너무 벗어나면 행동이나 실천이 힘들어진다. 스마트폰은 컴퓨터와 전화기가 합쳐진 것이다. 막으려고 하는 것은 컴퓨터의 기능 즉 채팅, 검색, 게임 등이지 전화의 본래기능은 아니다. (친구와 수다를 떨 수도 있으니 '비상시'라는 조건도 포함시키면 완벽에 가까워진다.)

스마트폰을 하지 않는다.(X)

학교나 학원에서는 (상황) 스마트폰을 하지 않는다.

단, 비상시 전화만 가능하다.(O)

이런 실행계획이 되어야 계속될 수 있다. 무언가를 하겠다는 플러스 (+)형 행동은 '의지'로만 되는 경우가 있다. 그런 의지를 가진 사람이 주위에 꽤 있다. 그렇기 때문에 이 책에서는 플러스(+)형 행동에 따로 법칙을 설명하지 않는다. 그 분들의 의지를 따라해보자는 것이다.

> 당신이 좋아하는 것을 하지 않으려면
> 당신을 **설득할 조건**을 달아야 한다.

좋아하는 것은 본능이고, 본능은 '상황'이 아니고서는 '조절'하기 힘들다. 아니 불가능에 가깝다. 당신의 본능과 무기도 없이 맞짱 뜨려고 하지 말라. 본능은 야수다. 음...이런 딱맞는 예가 떠오른다. 당신은 효도르나 크로캅과 싸울 수 있어요?(내가 아는 격투기 선수는 이 정도이다. 요즈음은 참 많긴 하던데...) 그들과 싸우려면 무기를 가지고 있어야 한다. 그 무기가 바로 상황이나 조건이다. 위의 예들을 승리하는 행동으로 바꾸어 보자. 마이너스(-)형 행동의 법칙으로 말이다.

Action

* 행동은 두가지 형식

플러스(+)형: ~ 한다!

마이너스(-)형: ~ 하지 않는다!

* 마이너스(-)형 행동의 법칙

1. 상조법 (상황 또는 조건을 포함시켜라.)

2. 단-방어법 ('단'을 달아서 예외를 없애라.)

(만약) 당신이
창업을 한다면?

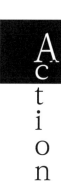

시작(START)-S (어떤 창업? 1줄로)
:

&

AO 해야할 행동(일)

AX 하지 말아야할 행동(일)

작성하고 넘어가세요!

1. 시작(START)-S: 바퀴달린 장바구니 판매 납품

AO

- 이 아이템이 얼마나 실용적인지,

  비용절감이 되는지 장점을 업체(마트)에 어필한다.
- 크기가 큰 카트의 경우 고객 간의 동선에 불편함을 내세움(상기시킴.)

AX

- 높은 가격 책정(하지 않는다.)

---

2. 시작(START)-S: GS25 점포 3~4개 운영하기

AO

- OFC와 많은 의견을 나누며 점포에 대한 전반적인 운영

  (을 익힌다.)

AX

- 애매하다 싶은 것은 과감하게 취하지 않을 것.

  (=확실한 것만 하자.)

---

3. 시작(START)-S: 유료 웹툰 플랫폼, 홈페이지

AO

> - 신인 작가들을 대거 기용하고 홍보와 마케팅을 정보성이 뛰어난
>   SNS(페이스북, 트위터, 카스)에 연계하여 (진행)하도록 한다.

AX

> - 회당 대여 & 구매료를 너무 높게 책정치 않는다.
>   또한 명성 있는 소수 작가들에 의존하지 않는다.

4. 시작(START)-S: 국내 최대의 의료기 회사

AO

> - (국내 최고의)기술
> - (넓은) 인프라
> - (제대로 작동하는) 신뢰나 믿음

AX

> - 포기(하지 않는다.)
> - 자존심 세우기(하지 않는다.)

5 시작(START)-S: 요트 선착장에 있는 커피/맥주 Bar

AO

1. 요트 소유

2. 요트 선착장에 가까운 위치 가계

3. 실력 있는 바리스타 영입 4. 독특하고 편안한 실내 분위기 조성

AX

- 너무 고급X, 저급X, 진입장벽 높은 것

- 이익만을 쫓지 않기

6. 시작(START)-S: 스페인에 Rice Wine(막걸리) 장사

AO

- 빠에야 같은 스페인 전통음식과 파전/감자전 같은 한국음식을
  안주로 퓨전 한다.

AX

- 한국적인 것이 세계적인 것이라는 말도 있지만 그 나라의 기호에
  맞게 수정을 거부해서는 안 된다.

7. 시작(START)-S: 잠을 대신 자주는 사람(잠.대.자.)

AO

- 안정성의 강조
- 잠자는 시간의 절약
- 깨어있으며, 자동으로 회복되는 신비한 체험 – 비용의 절감

AX

- 안전사고 나면 안 됨
- 환불 서비스에 대한 불만이 있을 수 있음

8. 시작(START)-S: 커피 가구공방 "인디고"

AO

- 3D CAD, 가구 깎는 법, 인테리어, 건축 등에 대한 공부
- 카페를 위한 드립, 원두에 대한 공부

AX

- 진심을 담지 않는 작품

9. 시작(START)-S: OO서점 꿈의 나라

AO

- 책의 위치를 쉽게 구분지어 찾기 쉽게 한다.
- 책을 읽을 수 있는 공간을 마련한다.

AX

- 인터넷 서점과 책값이 차이가 많이 난다.(너무 비싸게 하지 않는다.)
- 불친절하다.(이렇게 하지 않는다.)

강의 시간에 작성한 START-Sheet 내용이다. 주제는 창업이었다. 아무런 제한이 없이 자유롭게 상상하라고 했고 그 중 9명의 예를 정리해 보았다. 당신은 1~9 중 어떤 것에 가장 관심이 가는가? 당신이 한다면이 아니고 관심이 가는 것은 무엇인가? 강의에서도 가장 관심을 받은 것은 '잠.대.자'였다. 재미있었던 사실은 이 서비스를 사는 것보다는 '잠을 대신 자주는 직원이 되는 (입사)기준은 우엇인가?' 였다. 모두에게 잠이 모자라는 현실이 안타까웠고 마음 아팠다. 직업으로 잠을 실컷자는 업무라면 해보고 싶다고 느끼는 현실말이다. 직장을 찾는 시간이 오래 걸리는 현실이 안타깝다. 그렇지만 마치 직장에 들어가면 모든 것이 해결될 것처럼 구직을 준비하는 사람들에게 말하고 싶다. 직장에서의 삶이 그렇게 녹록하지는 않다.라고 말이다.

직무의 전문성을 위해서 자격증을 준비하고, 외국어 능력을 높이려 학원에 다니는 직장인들이 많다는 것을 알아 주었으면 한다. (대학에 들어가면 세상이 핑크색으로 변할 것 같던 고등학교 시절을 생각해보자. 그 생각이 대학에 입학하고 언제 깨졌는지 말이다.)

시작(START)은 이러한 현실에 조금이라도 도움을 드리고자 만들어졌다. 힘든 상황에 탈출하는 방법을 드리고자 말이다.

먼저, 중독에 대한 이야기이다.

당신의 상황이 매우 좋지 않다고 가정해보자. (이미 당신이 그런 상황이라면 미안하다는 위로의 말을 먼저 하고 싶다.) 그런데 당신이 어떤 일은 하는데, 그 상황의 어려움이 느껴지지 않는다면, 괴로움을 잊을 수 있다면 그 일은 당신의 천직일 수 있다. 단 한 가지 조건이 더 있다. 그 일을 수행함으로해서 상황이 계속 더 나빠진다면 그것은 회피이고 중독일 뿐이다. 예를 들어보겠다.

나는 책을 쓰는 일과 강의를 하는 일
즉 어떠한 사실을 찾고 사람들에게 그 사실을 전달하는 것에
재미와 흥미를 느낀다.
그래서 아프거나 힘들 때도 이 일을 멈추지 않았다.

이 때 이런 질문을 던져봐야 한다.
이 일에 시간을 계속 투자해도 이 어려움을 견딜 수 있나 또는 이 어

Make Action - 165

려움이 감소되는가?

X = 책 쓰는 일, Y=강의 코칭
Z= 금전적인 어려움 (a= 변수)

1. $(X + Y) \geq Z$
1.1 $(X + Y) \geq aZ$

1번식으로 따지면 된다. 당신이 하고 싶은 일이 금전적 또는 당신의 고통을 장기적으로 줄여주는가? 또는 장기적으로 견딜 만 한가? 그런 판단이 든다면 당신에게 그 일은 천직을 수도 있고 결과적으로 행복을 얻을 수도 있다. 그러나 여기에 변수가 존재한다.(1.1) 당신을 둘러싼 환경, 주위사람, 경험 등의 변수이다. 이 변수에 따라 당신이 느끼는 식의 가치는 달라지는 것이다.

반대의 예를 들어보겠다. 이것을 계속하지 않겠다고 마음먹었던 프로세스였다. (곽랑주의 실제 사례임을 밝혀 둡니다. 편집자)

X = 담배를 피움으로서 내가 얻는 '위안'
Y = 담배를 피우는 사람들과의 '휴식' 일에서 잠시 떠남
Z = 현실의 어려움 (원하는 연봉이 아님)

 $(X + Y) \langle Z$
담배를 피우는 것이나 담배를 피우며 쉬는 것은 '회피' 였다고 판단했

다. 그런데도 꽤 오랜 기간 담배를 피웠었다. 그런데 여기서 아주 중요한 변수가 발생한다. 바로 강의시간에 목이 잠긴 것이다. 프로 강사로서 막 시작했을 때였는데 8교시 강의시간에 목이 잠겼었다. 한의사에게 찾아가 상담을 했다. 그런데 이런 조언을 들었다.

**"담배는 끊을 수 없을 테니
 강의를 끊으세요."**

일말에 여지도 없어지는 순간이었다. 프로 강사가 되겠다고 마음먹은 사람에게 강의를 계속할 수 없다는 말이었으니까. 그날부터 담배를 43년(조건) 피우지 않겠다고 마음먹었다.

**'논리적으로 알고도 계속되는',
'당신이 정신을 차리면 하지 않았으면 하는
그렇지만 계속되는 행동'을
'중독'이라고 부른다.**

이것은 치료 받아야 하는 것이다. 책이나 강사가 다룰 분야가 아니므로 '의사'의 도움을 받을 것을 정중히 조언하는 바이다. 정확한 진단과 적절한 처방은 좋은 결과를 준다. 이것은 의료에서 뿐 아니라 비즈니스의 세상에서도 작용하는 법칙이다. 중독을 잘 다룰수만 있다면 당신은 원하는 것을 얻을 수 있다.

즉

당신의 행동을 '중독적'으로 만들어 '길'을 만들 수 있다면 당신은 원하는 것을 얻을 수 있다.

중독적이라는 말이 거슬린다면 '**습관적**'으로 바꾸면 어떨까? 결국 당신의 행동이 얼마나 지속되느냐에 따라 결과는 달라지는 것이다.

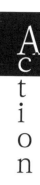

Action

실행하고 실천하라!
그것만이 결과를 만들어 낸다!

Action

실행이란 현실을 직시하고 그 현실에 대응하는
체계적인 방식이라 할 수 있다. [주2)]

래리 보시디 & 램 차란.

4장

R-Write **R**eal Wishes

'이 일을 하려는 진짜 이유'를 써라.

진심을 쓴다(Write)는 것은 사실
매우 (입맛이) 쓰다.
왜냐하면
내 안에 사악하거나
드러내기 힘든 것들이 많기 때문이다.
원래 사람은 그런 존재이다.

그렇지만

실제의 나 자신과 마주하지 않고
어떻게 무언가를 얻을 수 있을까?

쓴다는 것, 그 쓰디쓴 길

글로 써지는 것의 힘은 강하다. 이루어질 가능성이 높기 때문이다. 모두 알고 있는 사실은 왜 그렇게 실천되지 않았을까? 우리는 그것에 두가지 이유가 있다고 생각한다.

첫 번째는 두려움이다. 말은 그 때를 지나면 날아가 버리고 말지만, 글은 남아서 확인이 되기 때문이다. (요즈음처럼 전 국민이 핸드폰을 들고 다니는 세상에서는 말도 당연히 조심해야 한다.) 기록 된 것은 오래간다. 수십 년 전 논문도 확인이 가능하고, 그 때문에 고위 공직의 자리에 못 오르는 사람도 생기지 않는가. 논문뿐 아니라 책에 실린 글들은 그 사람이 죽어서도 평가의 기준이 된다. 즉 쓰지 않는 것은 곧 실패하고 싶지 않다는 두려움이다.

두 번째는 기록하고 쓰는 '문화'가 중간에 단절되었기 때문이다. 우리 민족은 '기록'의 중요성을 오래 전부터 알고 있었다. 그래서 인류사에 유래 없는 '조선왕조의 실록'을 만들었고, 외세의 침입에 대응하여 '팔만대장경'을 만들기도 했다. 지배층에만 기록의 문화가 있던 것은 아니었다. 언문이라는 이름으로 소설, 시 등이 사람들 사이에서 두루 퍼져 있었다. 그런데 일제강점기와 6.25동란(남북전쟁)의 기간 동안 어쩔 수 없이 '기록'의 문화가 시들어 버렸다. 기록하지 않는 것은 일제 제국주의의 의도에 따르는 것과 같다. 기록하지 않으면 전달되지 않고, 전통이 전달하지 않으면 그것은 바로 그 정신을 죽이는 일이다. 라고 일제는 생각했다. 그래서 쓰고, 기록하는 것은 자기들이 하고, 우리들에게는 (시키는 대로) 몸만 쓰게 만들었다. 그러한 압제의 피해가 바로 기록을 '쓰다(어렵다)'고 또는 '필요 없다'고 느끼는 것이다. 어쩔 수 없이 옛 속담의 힘을 빌려야겠다. 몸에 좋은 약이 입에 쓰다. 이 속담을 이렇게 해석해야 한다. '쓰기(書)'는 '쓰기(苦)' 때문에 당신에게 이로운 것이다. 그러면 무엇을 써야하는가? 바로 진실이다.

시작에서 별이 되고나서

시작의 영문을 쓰다보면 재미있는 현상이 나타난다. S-T-A-R, T 즉 별이라는 글자가 있다. 시작은 '별'이 되려는 작업이 아닌가! 나름대로 멋지지 않은가? 성공이라는 것은 빛나려는 것이고, 저 하늘의 별 또한 빛나지 않는가 말이다. 그래서 시작(START) 시트에서는 이렇게 정했다. '별'이 되는 것은 R(eal Wishes)까지 써야(Write) 한다.

우리는 자신의 마음을 알고 있다고 생각한다. 그러나 진정 그러한가? 아니다. 어제의 생각과 오늘의 생각이 다르고, 내일은 또 생각이 바뀔 수 있다. 인간의 생각이 바뀌지 않는다면, 괴로움은 조금 덜할지 모른다. 그러나, 발전, 진화, 혁신, 같은 만물의 영장이 가진 특징들은 사라질 것이다. 시간은 사람의 마음을 바꾸는 조건이 된다. 그래서 지금 적어야 한다. 오늘 당신이 원하는 것을 말이다. 그리고 진짜로 원하는 것을 써야하기 때문에, 다른 사람에게 공개하기 어려울 수 있다. 그래서 시작(START)-R만은 혼자 있을 때 작성하는 것을 원칙으로 한다. 수집한 시작(START) 시트에는 시작(START)-R이 빠진 경우가 많다.

어쩌랴 우리 것을 공개할 수밖에.

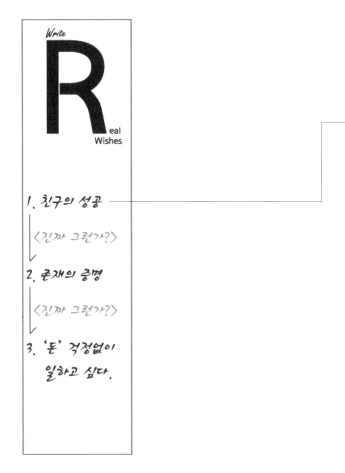

밖으로 나타나는 모습은 '보이고' 싶은 '꾸며진' 모습일 때가 대부분이다. 그러나 자기 자신은 알고 있다. 내가 무엇을 원하며, 좋아하는지 말이다. 이성이 아무리 누르려 해도 본능이 꿈틀거리니까. 본능과 마주하는 방법은 '진짜 그런가?' 하고 반복해서 묻는 것이다.

—— 1. 친구의 성공

(진짜 그런가?)

2. 나 자신의 존재의 증명 즉 '능력 있구나!'라는 평가를 받고 싶다.

진짜 그런가? 의 활용으로 본능이 드러났다. 그렇지만 아직도 완벽하게 다 떠오른 것은 아닌 것 같다. 그러면 또 한 번 물어본다.

(진짜 정말 그런가?)
3. '돈' 걱정 안 하고 일하고(살고) 싶다.

그렇다. 비즈니스, 일, 꿈 이런 것들의 가장 바닥에는 '돈'이라는 욕망이 자리한다. (물론, 조건이 없는 '희생', '충성', '사랑' 같은 숭고한 감정도 있다는 것을 밝혀둔다.) 많은 사람이 그러하다. 창피할 수 있는 속내일 수 있으나, 이것을 글로 써보는 것은, 이 시작(START) 시트에 진정성을 불어 넣는다. 즉 이러한 의미가 된다.

"본능이여, 속이지 않고 썼으니 협조하라!"

당신의 의식이 지배하는 순간에도 본능은 존재한다.
또 당신의 의식이 잠든 사이에도 본능은 깨어서 활동한다.
본능과 협조하면 오롯이 24시간을 다 활용할 수 있는 것이다.

본능을 당신의 협조자로 만들어라. 본능이라는 것은 자꾸 외면하고, 억제하려들면 들수록 더욱 강력해진다. 배고플 때 아무리 '나 배 안고파!'라고 외쳐도 배는 고프다. 잠이 올 때, 잠이 오지 않는다고 아무리 말을 해도 졸린다. 본능은 반대하려하면 할수록 더 커진다.
오히려, 이런 방법이 더 효과적이다.

아 배고프네. 이 제안서만 마치고 밥 먹어야겠다.
진짜 졸리다. 30분 딱 30분만 더 하고 자자.

본능은 단순하고, 정직하다. 우격다짐으로 진압하려 들면, 더 큰 힘으로 달려든다. 그러므로 진정성을 가지고 마주해야 한다. 그래서 당신은 '당신이 진정으로 원하는 것'을 써 봐야 한다. 그렇게 하고 나면 자유로워진다.

창업의 경우 – (쉽게) 돈 벌고 싶다
취업의 경우 – 안정된 또는 (많은) 급여

이것이 정말 솔직한 이유이다. 그것을 인정하고, 앞으로 나아간다. 그러면 별(STAR)이 되는 단계를 시작한 것이다. 창피한 의도를 써보고 나면, 조금은 홀가분해지고 조금은 겸손해진다. 오랫동안 정상의 자리를 지킨 사람들에게서 나타나는 소탈함은 여기에 근거한다. '본능'과 '잘하고 싶은 의식'과의 정리를 잘 마무리한 것이다. '나는 아무것도 아니구나!' 라는 생각 말이다. 아무 것도 아니니까 계속한다. 그냥 한다. 다른 경쟁자를 그다지 부담으로 느끼지 않는다. 가장 큰 장애물은 자기 자신이라는 것도 알고, '아무 생각 없이' '본능적으로' 그 일을 해 나아간다.

김연아의 발, 박지성의 발, 강수진의 발

이 사람들은 스스로 높다고 생각하지 않는다. 적어도 우리가 아는 성공의 단계까지는 그렇다. 자연스럽게 생활한다. 군림하거나 자랑하지도 않는다. 본능과 의식이 같은 방향으로 움직이다보니 '성공'을 뛰어넘는 단계까지 올라간다. 즉 '별(STAR)'이 되는 것이다. 그 분야에서 말이다. 수영선수 펠프스의 인터뷰에서 이런 말을 했다고 한다. "오늘이 무슨 요일인지 그런 거 몰라요. 그냥 계속 수영해요." 완벽한 몰입의 순간은 늘 본능이 있다. 그 본능을 당신이 원하는 쪽으로 움직이게 하려면 당신의 본 모습과 '마주해야'한다. 인간 세상에서 교육받고 살아온 사람들에게 이것은 쉬운 일은 아니다. 그래도 당신에게 묻는다. 언젠가 '별(STAR)'이 되고 싶지 않은가? 어떠한 어려움에도 당당히 맞서는 모습, 마지막의 마지막 순간까지 포기하지 않는 의지, 부당한 판정에도 웃음을 지을 수 있는 그 마음. '별(STAR)'이 가지는 그 우아함과 강인함과 아름다움을 갖고 싶지 않은가 말이다.
나는 갖고 싶고, 되고 싶다. 당신도 그런가?

당신의 시작(START)-S는 무엇인가?

당신의 시작(START)-S는 쓴
(공식적으로 밝힐 수 있는)
이유는 무엇인가?

```
1.
```

진짜
그런가?

당신의 시작(START)-S는 쓴
(남에게 밝히기 싫지만)
진짜 이유는?

```
2.
```

여기서 멈춰도 괜찮다. 그러나 당신이 조금이라도 꺼려지는게 있다면
또 자문해보아야 한다.

진짜 정말
그런가?

당신의 시작(START)-S는 쓴
(남에게 밝히기 싫지만)
진짜 정말 이유는?

3.

당신의 본능이
아름답지 않다고
생각할지 모른다.

하지만
얼굴을 돌린다고
있는 것이 없어지지는 않는다.

현실은
외면하기보다
직시했을 때, 해결이 가능하다.

모든 구체적인 사물에 대해 이렇게 질문하라
"그 본질은 무엇이며 어떻게 구성되어 있는가?"

마르쿠스 아우렐리우스

5장

T-Check Time Plan

'시간 계획'을 확인하라

인간이 경쟁을 시작하면서부터
'시간'은 중요한 기준이 되어왔다.

경쟁에서 이기고 지는 것은 대개
다음 2가지 방식으로 결정된다.

1. 같은 양을 얼마나 **'빨리'**해 내는가?
2. 같은 **'시간'**내에 얼마나 많은 양을 해내는가?

어떤 방식이든,
우리는 '**시간**'의 지배를 받는다.

길이 저장하는 시간

만약 길이 살아있는 생명체라면 하고 상상해본다. 생명체라면 무언가를 느낄 것이다. 조금 더 나아가 길이 그 위에서 일어나는 일들을 기억할 수 있다면 하고 생각해 보라. 길은 다른 길과 어떤 이야기를 나눌까?

부지런히 학교로 가는 학생들의 모습들을 기억하고, 그 재잘거리는 이야기를 귀 기울여 들을 것이다. 그리고 출근하는 사람들의 무표정함을 궁금해 할 것이다. 왜 그렇게 손바닥 안에 네모난 것들을 들여다보는지? 그러다 넘어지기도 하고 부딪히기도 하는 모습들을 말이다. 가만히 보면 열 명중 절반은 누군가와 이야기하려는 것 같은데, 옆에 같이 걷는 사람들에게 말도 한 마디 하지 않으며, 보이지도 않는 상대와 이야기하는 모습에 '이해할 수 없다'라고 말할지도 모른다. (심지어 친구끼리 같은 길을 걸으며 네모난 것을 들여다보는 모습에 조금은 분노할지 도 모른다.)

그러한 길이 좋아하는 기억들은 이런 것들일 것이다. 아스팔트나 시멘트로 포장되기 전 아무 것도 없던 시절에 동네 아이들이 모여서 놀던 일들 말이다. 돌을 가져다 선을 긋고, 1부터 8까지 써놓고 깡총 발로 뛰는 놀이, 내 것인지도 모르고 자기네들 것이라고 땅 따먹기를 한다며 해가 지는 줄도 모르던 소년들, 고무줄 하나에 하루 종일이 기뻤던 소녀들도 있을 것이다. 그런 기억 속에 가장 남는 한 가지가 있을 것이다. 미친 듯이 시간을 달리는 아이들 말이다. 길은 언제부터인가 깨달았을 것이다. '사람들은 (같은 길이의 길에서 남보다) 빨리 달리기를 원한다.'는 것을 말이다. 그리고 이해하기 힘들었을 것이다. 빨리 달린다는 것이 왜 가치가 있는지 말이다. 길은 영원한 존재이니까 말이다.

빨리 달리는 자는 우월한가?

인류의 마지막 사람이 사라지고 난 후에도 길은 여전히 존재할 것이다. 단지 인간이 아닌 다른 존재가 길을 달린다는 것만 바뀌고 말이다. 우리는 길처럼 영원할 수 없다. 그래서 경쟁자보다 빨리 달리고 싶어 한다. 그것이 우월하다는 것을 증명하는 일이니까 말이다. 이러한 달리기는 최초의 올림픽부터 지금까지 이어져 내려오고 있다. 영화에서도 자주 인용되고 있는데, 다음은 달리기와 코칭에 대한 장면이다.

- 네 다리는 뭐지?
- 강철 스프링입니다

영화 갈리폴리 중에서

영화 말아톤 중에서

코치: 네 다리는 뭐지?

선수: 강철 스프링입니다.

코치: 얼마나 빨리 뛸 수 있나?

선수: 표범만큼요.

엄마: 초원이 다리는?

초원: 백만불짜리 다리.

엄마: 해봐 '나는 잘 할 수 있다!'

초원:(작은 목소리로) 나는 잘 할 수 있다.

엄마: 더 크게!

초원:(큰 목소리로) 나는 잘 할 수 있다!

코칭은 위의 방법이 가장 효과적으로 검증된 방법이다. 구조적으로 이러한 형식이 포함되어 있다. '너는 누구인가' 즉 '시작'을 정하는 것이다. 시작이 있어야 결과도 있는 것을 코치는 알고 있기에 너무나 기본적인 저 질문을 하곤 한다. 이순신 장군께서는 명량해전을 앞두고 이렇게 연설하셨을 것이다. '너희는 누구인가?' 왜 싸우는가에 앞서서 '자기 자신이 어떤 사람인지 인식하는 것'에서부터 모든 것이 '시작' 되는 것을 알고 계셨을테니까. 우연으로 수 십번의 전투에서 승리하는 일은 확률적으로도 불가능하다. 자신을 인식시키고 (더 나은)목표로 나아간다.

자기인식 & 목표확인 = 코칭

자기인식:

1. 네 다리는 뭐지?

2. 초원이 다리는?

3. 너희는 누구인가?

(조선의 백성이 아니냐! 저 무도한 침략자들에게 아내를 잃고, 어미 아비가 죽음을 당하고, 자식들이 죽어간 이들의, 남편! 아들! 아비가 아니더냐!)

목표확인:

1. 얼마나 빨리 뛸 수 있나?

2. 해봐 '나는 잘 할 수 있다!'

3. 살고자 하면 죽을 것이고, 죽고자 하면 살 것이다.

(적들을 섬멸하고 또 죽이고 나야 우리는 살 수 있다!)

시계를 맞춰야 하는 이유

영화 갈리폴리에서는 시간에 대한 확실한 교훈을 주고 있다. 교훈의 값이 503,000명의 목숨이라면 너무도 비싸다. 그 원인이 된 작전에서 '시계'는 결정적인 역할을 한다. 이 사건이 있은 이후로 시계에 대한 필요성이 대두되어 정확도를 갖춘 '손목시계'가 지휘관의 필수품이 되었다. 어쩌면 우리 손목에 채워진 시계 역시, 기나긴 전쟁역사의

흉터가 아닐까. 갈리폴리 전투는 1915년 4월 25일부터 1916년 1월 9일까지 오스만 제국, 다르다넬스 해협 겔리볼루 반도에서 영국, 프랑스, 제3공화국과 오스만 제국, 독일 제국, 오스트리아-헝가리 제국 간에 벌어진 세계 대전의 한 전투였다. (호주와 뉴질랜드는 영국 연방군으로 전투에 참가했다.) 한 쪽이 승리를 거둘 수 있는 '시작'이 잘못되자, 전투는 고착되고 수 많은 젊은 병사들이 죽어갔다. 시체는 쌓이고 쌓여, 50만이 넘었다. 전투의 승자는 가려졌으나, 부하를 수도 없이 희생시킨 양쪽 지휘관들에게는 패배만이 남은 것이다. 영화에서는 그 장면을 이렇게 재현하고 있다.

대령: 오늘 밤 2만 5천의 영국군이 수블라 만에 도착할거야. 우린 영국군이 해안에 도착할 수 있도록 터키 군을 유인하는거지.

소령: 하지만 넥은 요새이고, 기관총만도 다섯인 곳입니다.(당시에는 기관총이 최신 무기였음. 필자 주석)

대령: 그 점도 고려해 봤네. 그러니까 우리는 가장 강력한 엄호 작전으로 최후까지 밀어 붙여야지. 터키군은 우릴 영원히 안자크에 고립시킬 지도 몰라. 영국군의 상륙이 우리의 유일한 희망이야. 성공을 위해서 할 수 있는 일을 해야지.

성공하면 한 주 안에 콘스탄티노플을 점령하게 되고, 터키는 전쟁을 포기하게 될 테니까. 모두 준비됐나?

참모: 총은 모두 위치에 두었습니다. 04:30분 정각에 포격을 실시합니다. 그러니까 지금부터 대략 12시간 후입니다.

(참모의 시계 이미지 참조 필자 주석)

영화 갈리폴리 중에서 - 소령과 참모의 시계

우리는 장면을 통해 알고 있지만 당시에는 서로 몰랐다. 참모와 소령
이 시계가 서로 8분 차이 난다는 것을 몰랐고, 5분의 엄호 포격이 끝
난 후에도 '소령'은 돌격하지 않았다. 소령입장에서는 8분 일찍 포격
이 시작되었으니까. 그래서 돌격을 주저하고, 참모나 대령은 왜 돌격
하지 않냐고 다그치고, 그래서 결국 기관총 앞에 젊은이들이 죽어간
다. 기나긴 소모전의 시작이었다. 단 8분이 다른 시계 때문에 말이다.

인류의 비극은 작은 선택에서부터 '시작'되곤 하였다. 그 작은 선택이 잘못되었다는 것을 깨닫고 바로잡으려 할 때, 인류는 얼마나 많은 대가를 치루었는가? 인류의 역사에 단 '8분 차이'가 만든 희생치고는 너무나 큰 희생이었다. 이러한 댓가가 갈리폴리에서만 있었는가? 하고 스스로 물어본다. 당장이 아니라 24시간동안 휴전을 미루어 결정한 뒤, 하루 동안이 땅에서 얼마나 많은 목숨이 사라져 갔는가?

영화 갈리폴리 중에서 - 무수하게 죽어가는 병사들

길은

고향으로 고향으로
돌아가고 싶은 생명들은
길 위에서 사그러졌네!

여보! 엄마! 하고
외치는 목소리는
길 위에 뿌려졌네.

인간은 누구나 마지막을
결국 길과 함께 한다네.

그래서
길은 눈물과 피로 다져졌네.

영화 '갈리폴리, 고지전'을 보고나서

T
i
m
e

영화 고지전 중에서

빠르게 혹은 느리게 흐르는 시간
시간을 지배하는 자

앞에서 시간을 정확히 맞추고 인식해야 한다는 이야기를 해 보았다. 그러면 시간은 항상 똑같은 것인가? 그렇지 않다. 사람에 따라 시간이 다르게 흐른다는 사실을, 우리는 이미 잘 알고 있다. 할아버지 할머니는 광폭타이어를 장착한 페라리가 달리듯이 시간이 간다고 하신다. 시간은 왜 그렇게 걷는 것처럼 느리게 가냐고 10대 사춘기 학생들은 말한다. 이처럼 시간은 나이 대에 따라 속도가 다른 것처럼 표현된다. 대개는 나이가 들며 점차 빨라진다고 한다. (인간이 그렇게 느끼는 것이다.) 그런 시간이 가끔 속도를 역행해 매우 느려지는 때가 있다.

무언가를 고대하며 기다리면, 그 시간이 무척 느려진다.

사랑하는 사람을 만나기 위해 기다릴 때.
신혼일 때 집으로 가는 대중교통을 기다릴 때.
그리고 얼마 안남은 전역 날을 기다릴 때.
(정말 1주일이 미치게 느리다. 군대 갔다 온 사람은 알 것이다.)

실제로 사람의 뇌는 '상황에 따라' 시간을 다르게 느낀다고 한다. 그러면 우리는 어떻게 해야 시간을 지배할 수 있는가? 시간을 쪼개서 잘 배분하고 사용하는 것은 '기본'에 가깝다. 기본으로는 승자가 되기 힘들기 때문에 조금 다른 방식을 써야만 한다. 그래서 시작(START)-T

는 기준이 되는 시점을 찾았다. 시작 (START)-T는 3가지 포인트를 중요시 한다.

오늘(Today)
2 주일(Two week)
2 달 또는 2년 (Two month or Two year)

이것이 성공의 시간 3T이다.

오늘이 내일보다 중요하다. 보통 계획을 세울 때 '내일'부터 라고 시작점을 미루는 경우가 무척이나 많다. 이것은 계획을 실패로 만드는 좋지 않는 행동이다. '시작'은 오늘이어야 한다. 그리고 여러분은 이미 '시작'하고 있지 않은가? 오늘 해야 할 일 1순위는 바로 시작 (START) 시트를 작성하는 것이다.

1T(오늘 Today) 할 일:
시작(START) 시트를 작성하는 것!
= 시작을 시작하는 것

1장으로 계획표를 작성하는 것보다 중요한 일은 없다.

두 번째로 중요한 것은 다음 2주간(14일)이다. 이것이 두 번째 T인 Two week(2주)이다. 이 시기는 성공이냐 실패냐를 가름하는 가장 중요한 시기이다. 비행기로 말하면 활주로에서 이륙하는 순간이고,

배로 이야기하면 출항하여 항구를 벗어날 때까지의 시간이다. 14일은 습관이 생기는 시기이다. 이것을 우리는 '길이 난다'고 표현한다. 길이 잡힌 도구들은 쓰기도 편하다. 골프를 좋아하는 내 친구는 아마추어를 뛰어넘는 실력을 갖고 있다. 그런 친구가 어떤 프로 골퍼의 이야기를 해주었다. 그 프로 골퍼는 하루에 8,000번 스윙을 한다고 한다. 그런데 그 사람과 악수를 해본 사람들이, 그의 손에 굳은 살이 하나도 없어서 놀랐다는 이야기를 전하며 이렇게 말했다. '프로는 반복하는 시간이 자연스럽다. 그래서 굳은 살이 생기지 않는 것 같다.' 종목에 따라 다르고 사람에 따라 다르겠지만 충분히 이해는 된다. 자신에게 맞는 도구들은 쓰기에 편하다. 이렇게 '편해지는 것'이 '길이 나는 것'이다. 억지스러운 것을 자연스러운 것으로 만들어 '편안하게 만드는 것'이 이 14일 동안 일어나는 일이다. 사실 그 골퍼도 처음에는 굳은 살이 박혔을 것이다.(2번 째 T의 시기) 그렇지만 그 기간을 인내해서 계속 했음이 분명하다. 굳은 살이 박히고 다시 새 살이 돋아나는 그러한 시간 그 시간이 2번째 T의 시간이다.

2T(2 주일 Two week)동안 할 일:
굳은살을 만드는 시간
습관을 만드는 시간
프로토타입(샘플)을 만드는 시간
= 길을 내는 시간

2주 동안 매일 이 일에 대해서 생각을 또 실행을 하게 되면, 마지막 3T인 2달이나 2년은 계속할 수 있다. 이 책도 처음 시작(START)한지

2년 내에 결실이 맺어졌다. 길을 내 놓으면 언제든 그 길을 편안하게 갈 수 있다. 굳은 살이 불편하듯, 그 불편함을 참고 인내한 14일의 시간은 당신에게 '성공'이라는 결과를 가져다 줄 것이다.

프로토 타입(=시제품)이란 무엇인가?

우리는 성공을 위해서 이 일을 시작했다. (그래서 이러한 자기계발서를 읽는 것이 아닌가?) 무언가를 만드는 일에서 물건은 최종 결과물이다. 우리가 하려는 일에서 성공은 최종 결과물이다. 운전 면허증을 따는 목표에서 최종 결과물은 운전 면허증이다. 시험에서 5등 안에 목표에서 결과물은 성적표에 표시된 5등 이내 석차이다. 책을 쓰는 목표에서 최종 결과물은 책이다. 이처럼 최종 목표를 달성하기 전에 먼저 해보는 절차가 있다.

다른 사람의 운전면허증을 본다거나,
성적표를 그려서 내 이름 옆에 5등을 써본다든가,
책 내용은 없지만 표지와 목차만 가진 책을 다른 책 위에 붙여 본다든가 …….

이런 것들이 프로토타입(=시제품, 연습작품)이다. 연습이 없이 완성품이 나올 수 없다. 그런데 이것을 2주안에 해야 한다. 이 때 주의할 점은 이것은 프로토타입(시제품)이라는 것이다. 너무나 열심히 돈을 들이거나, 노력을 많이 들일 필요도 없다. 단지 자신과 주위 사람들이 그것을 보고 '아! 이런 것을 하는구나.'하고 알면 되는 것이다. 그렇지만

이 아무것도 아니고 별 쓰잘데기 없어 보이는 시제품은 엄청난 힘을 발휘한다. 2달이나 2년동안 사람을 움직이게 한다. 길이 나는 것이다.

사람의 기억은 시각에 많이 의존한다. 그래서 눈에 보이는 것이 생겨나면 구체적으로 상상하고 기억한다. 즉 무언가 하려는 마음이 들기 시작한다. 당신이 시작(START)-A에서 쓴 일들을 실천하게 만드는 추진력이 바로 프로토타입에서 생겨난다. 그리고 시작(START)-S의 내용이 자신뿐 아니라 다른 사람과 연관된 일이라면 더욱 필요하다. 말로 설명하는 것보다 프로토타입(=시제품)을 보여주면서 설명하는 것이 훨씬 설득력이 있기 때문이다. 이것은 다른 사람들에게 당신의 의지를 보여주는 최초의 가장 강력한 무기이다.

당신은 이제
시간을 지배하는 자 - STAR & T

당신이 이미 '별(STAR)'이 되는 과정을 밟았다. 그러므로 별이 되었다고 할 수 있다. (원하는 만큼 빛이 나지 않는다면 다시 1장으로 돌아가서 시작(START) 실습을 계속하기를 바란다.) 별(STAR)은 때를 잘 만나지 못하면, 사람들에게 잊힌다. 빛나지 못한 별(STAR)만큼 안타까운 일이 있을까? 전성기를 지나간 별(STAR)만큼 괴로운 상황이 있을까? 이 모두 '시간'에 달려 있다.
다시 한번 여러분께 질문을 한다.

만약 당신이 슈퍼히어로라면 어떤 능력을 갖고 싶은가?

어떤 것이라도 좋다 즐거운 상상을 해보자!

슈퍼맨의 '힘'

원더우먼의 '독심술'

로건의 '재생능력'

투명인간의 '투명(?)력'

엘라스틱걸의 '늘어나는 능력(신축성)'

스파이더맨의 '거미줄'

너무 올드해? 이런 것 말고? 다른 것? 그러면 이건 어떤가?

다크아칸의 마인드컨트롤

강풀 만화에서 나온 타임스토퍼, 타임리와인더 등

강의 시간에 수강생들이 적어 냈던 사례들이다. 그런데 어떤 초능력도 '시간'이 맞지 않으면 무용지물이다. 영화에서 슈퍼맨이 고전하는 이유는 무엇인가? 그 보다 힘이 쎈 적이 있었나? 뭐 클립토나이트 행성의 그 분들은 '같은 슈퍼맨' 종족이니까 예외로 하고 말이다. 힘이 문제가 아니라, 때를 맞추는 것이 어려운 것이다. X맨에 나온 수많은 초능력자 중에서 가장 드라마틱하고 독특한 (다른 초능력자들처럼 하늘이 준 능력이 아니라, 인간의 실험에서 태어난) 로건은 상처가 나고 또 나도 다시 재생된다. 그러한 그도 재생의 시간이 점점 느려지면서 사망에 이르게 된다.(영화 '로건' 참고) 모든 히어로들이 '시간' 때문에 어려움을 겪는다.

그래서 인간은 '타임머신'에 대한 환상을 갖게 된다. 시간을 멈추거나, 과거로 돌아가서 무언가를 '변화'시키고자 하거나, '미래'로 가기도 한다.

또 질문을 해보겠다. 당신에게 '타임머신'이 있다. 즉 다음과 같은 능력이 생겼는데 딱 한 번만 쓸 수 있다. 어떤 것을 선택하겠는가?

1. 시간 멈춤(Stop) & 시작(go)

   (시간을 한동안 멈출 수 있다, 다시 흐르게 할 수 있다.)

2. 과거로 돌아가기

   (과거의 어느 한 시점으로 돌아가서 다시 삶을 산다.)

3. 미래로 가기

   (미래의 어느 한 시전으로 가서 거기서부터 삶을 산다.)

1? 2? 3?

시간을 지배할 수 있다면

시간은 결과와 묶여져 있고,
시간은 평가와 엮여져 있으며.
시간은 시작에 붙어 있다.

시작(START)-star가 성공했다는 이야기는 시작(START)-T로만 평가할 수 있는 것이다.

1번을 선택한 사람은 시간에 쫓기는 사람이다. 아마 이 책을 마구 건너뛰며 읽고 있을지도 모른다. 그런데 어떻게 1번을 선택할 시간은 있었는지? 질문은 바쁜 사람도 멈추게 하는 그러한 위력이 있다. 나는 나에게 '도를 믿느냐?'고 질문하는 사람 앞에 자주 멈춰서 곤 한다. 한 참이나 입씨름을 한 후에 그 자리를 떠날 수 있음에도 불구하고, 질문을 받으면 멈추곤 한다. 질문에 답하는 것은 인간의 본성에 가까운 것 같다.

2번을 선택한 사람은 현실을 괴롭게 느끼는 사람이다. 후회가 많다는 반증이기도 하다. 과거의 일을 맘에 담아두고 아파한다. 그런데 그 아픔을 준 사람은 나의 이 아픔은 물론 그러한 '말'을 했는지도 잊고 살고 있을것이다. 당신은 그(녀)가 밉지만 드러내지 않고 살고 있지 않은가? 우리 중에 많은 사람들이 이처럼 착하게 살아간다. 세상을 떠받치고 그 무게를 온전히 어깨에 느끼면서 말이다. 당신에게 경의를 표한다. 그리고 빨리 START를 하기 바란다.

3번을 선택한 사람은?

어떤 사람일까?

시작(START)-T 3T를 완성하는 날, 이 답을 알 수 있는 사람이다.

1, 2번을 선택한 사람들을 위한 위로

어떤 어려움도 괴로움도 결국 다 지나가고 끝이 있다.
시작이 있으면 끝이 있다는 진리만은 결코 변하지 않는다.
당신의 어려움도 곧 끝날 것이다.

누에고치는 그냥 몸을 바꾸는 곳이 아니야.
지나간 상념이 날개로 다시 태어나는 곳이지.
그래서 충분한 **시간**을 필요로 하는거야.

멘탈코칭 중에서

&

I have/I am afraid

'내가 가진 것과 내가 두려워하는 것

I'm

남들과
비교하면
비교할수록
작고 불편하게
느껴지는 것은
'**나의 것**'이다.

반면

비교해야 할 때
비교하지 않아서 생기는 것이
두려움이다.

내가 무서워하는 것 먼저!

시작(START)시트의 내가 가진 것, 그리고 내가 무서워하는 것 항목을 작성할 때는 내가 무서워하는 것을 먼저 작성하라. 두려움은 대상에 대해 모르기 때문에 생기는 것이 대부분이다. 그렇기 때문에 '먼저' 써야 한다. 조금이라도 더 구체화하고, 정리해야 두려움을 줄일 수 있기 때문이다.

당신이 가장 무서워하는 것은 무엇인가? 그것을 그림으로 그려보라.

자세하게 그리기 힘들지 않나? 그렇다. 사람들은 자신이 두려워하는 것을 자세하게 알지 못한다. 그래서 오히려 두려워지는 것이다. 속속들이 알지 못하니, 확실히 파악할 수 없고, 그래서 어떻게 될지 모르는 것이다. 모르니까 두려운 것이다. 그런데 당신이 자신 있다고 하는 것(일)들은 대개 구체적으로 표현할 수 있다. 알면 자신 있어지고, 모르면 두려워 한다.

구체적으로 알도록 노력하는 것이 두려움을 극복하는 방법이다. 첫 단계가 글로 쓰는 것이다.상황에 따라 다르지만 사람들이 두려워 하는 것들은 다음과 같다.

실무경험부족, 영어스킬, 실패할지 모르는 두려움, 부정적인 생각, 나의 능력/경쟁, 남들에게 피해 줄 것같다, 혼자서 해결할 수 있을까?, 금방 질려 하는 성격, 걱정이 많음, 나의 의견보다 부모님 주변 사람들의 시선을 더 신경 쓰는 것, 이직의 유혹, 의사소통, 끈기, 집중력, 정확한 목표, 사무능력, 체력, 등

두려워 하는 것들은 그것을 쓰고 생각하는 과정 속에서 점차 줄어든다. 심지어 그 해결방법까지 생기는 경우도 있다. 두려운 것은 일단 써보자.

내가 가진 것 '두 번째'로

이 책을 읽는 당신은 '아마도' 가진 것이 별로 없다고 생각할 것이다. 아니 이 표현보다는 '나는 부족하다.'라는 생각이 더 많다. 거기에 막막하기까지 하니, 도무지 나는 무엇을 가지고 있는지 모르겠다고 말할 수도 있다. 그렇지만 당신은 분명 '무언가'를 가지고 있다. 단지 그것이 '충분'하지 않을 뿐이다. 인간이 살아있으려면 기본적으로 만들어지는 세 가지가 있다. 인간관계와 배움 그리고 가장 중요한 세 번째 것.

첫 번째는 인간관계이다. 인간관계는 대개 두 가지로 분류된다. 탄생, 결혼, 등 혈연으로 이루어지는 '가족'관계가 그 하나이고, 스포츠, 게임, 취미활동, 아르바이트 등의 다양한 활동 속에서 만들어지는 '벗(친구)'의 관계가 또 다른 하나이다. 이러한 관계가 많은 사람은 수천 명까지 되는 사람도 종종 보게 된다. 물론 10명 내외의 적은 수를 가진 사람도 알고 있으니 그 수가 적다고 걱정하지 않아도 된다. 당신이 필요한 것을 이야기해줄 사람이 있으면 된다. 그 수가 많고 적음은 중

I'm

요하지 않다. 오히려 문제는 이것이다. '필요한 이야기'를 해줄 사람이 연락처 속에 없다는 것이다. 딱 당신에게 필요한 이야기를 해줄 사람은 어디에 있을까? 어딘가에 있다는 것은 분명하다. 단지 지금 알지 못할 뿐이다.

두 번째는 '배움' 공부이다. 당신은 길을 걷고 있다. 주위에 사람들이 여럿 있는데, 걷고 또 걸어도 별로 멀리 온 것 같지 않다. 가까이만 보면 우리는 스스로 얼마나 변했는지 잘 알 수 없다. 비행기를 타고 움직이는 사람은 수백 수천 킬로미터를 이동했지만, 옆에 앉아 있는 사람도 같이 움직이는 것이니까, 당연하게 느낄 수 있다. 배움도 마찬가지이다. 당신은 무엇인가를 배우고 익히며, 계속 변화 진화하고 있다. 그런데 나보다 잘하는 또 성과가 좋은 누군가를 보고 있기 때문에 스스로 '별로' 변화하지 않았다고 생각하는 것이다. 인간은 살아 있는 동안 쉬지 않고 배움을 이어간다. 학교나 학원에서는 당연하고, 우리는 살아가며 수도 없이 무언가를 배운다. 매일매일 무언가를 보고 듣고 말하고 있지 않은가? 그런데 만족스럽지 않다. 그런데 이것은 지극히 당연한 '느낌'이다. 그러나 당신은 이것은 기억해야만 한다. 나는 '매일매일' 무언가를 경험하고 있다는 것 말이다.

마지막으로 당신이 가진 것은 '매일매일'이다. START의 오늘 (Today) 말이다. 오늘은 당신이 채워나가야 할 하얀 스케치북이며, 경험으로 채워 나가야할 비어있는 다이어리이다. 하얗고 비어있는 공간이 있기에 그곳에 글을 쓸 수도 있고, 그림을 그릴 수도 있는 것이다. 비어 있다는 것은 그 자체로 소중하다. 모자라기 때문에 우리는

내가 가진 것과 내가 무서워하는 것 - 219

채울 수 있기 때문이다. 당신은 어쩌면 오늘 잠을 깨며 눈을 뜨는 것이 괴로웠을 지도 모른다. 차라리 오늘이 시작되지 않았으면 하는 생각이 들었을지도 모른다. 당신 주위에 있는 사람들의 존재 자체가, 신발 속의 작은 티끌처럼 이리저리 움직이며 발을 내딛을 때마다 괴롭게 하고 있을 지도 모른다. 귀찮아서 빼려고 해도 잘 빠지지 않고 걸으면, 또 불편하고 말이다. 기껏 열심히 해서 이곳에 들어왔는데, 여기서도 이런저런 비교와 경쟁으로 숨돌릴 잠시도 없다고 한탄할지도 모른다. 그럴 수 있다. 현대의 삶은 불편함을 강요하고 있으니까. 그 불편한 매일매일이 당신이 가진 사실상의 가장 큰 자원이다.

무엇인가 불편하다는 것은 참 괴롭지만, 나쁜 것은 아니다. 괴로운 것과 나쁜 것의 구분은 시간이 해 준다. 세월이 지난 후에 친한 누구에게 이야기할 수 있으면, 그것은 괴로운 것이다. 그렇지만 세월이 지난 후에도 그것을 친밀한 누구에게 말할 수 없다면 그것은 '나쁜 경험'이다. 다행스럽게도 우리 불편함은 나쁜 것보다는 괴로운 쪽에 가깝다. (만약 나쁜 것이라면 당장 빠져 나오라, 공간이든 관계든 그것이 무엇이든 그것에서 멀리 탈출하라!) 힘겹게 참을 수 있는 불편함은 당신을 움직이게 만든다. 없던 것 같은 힘을 끌어올린다. 그래서 당신이 그 불편함을 벗어날 수 있도록 행동하게 만든다. 당신이 불편하지 않았다면 지금 이 책의 마지막인 이 부분을 읽고 있을까? 아니라고 생각한다. 우리는 무엇인가를 원하고, 변화되기를 꿈꾼다. 그게 살아있는 증거이다. 우리가 바라는 것은 당신이 불편함에서 빠져나오는 것이다. 그래서 누군가 어려운 위치에 있는 사람에게 손을 내밀 수 있는 사람이 되기를 바란다.

'네가 변하면 세상이 변하는 것이야.'

멘탈코칭   중에서

시작(START)시트 모든 내용을 함께 했다. 수고하셨고, 대단하셨다고 말씀 드

리고 싶다. 이제 당신의 시작(START)시트를 쭈-욱 복습하듯 작성해 보시라!

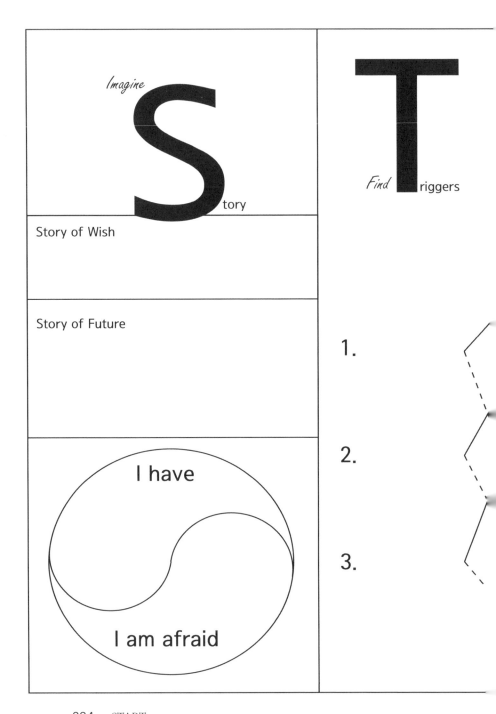

Imagine **S**tory

Story of Wish

Story of Future

I have

I am afraid

Find **T**riggers

1.

2.

3.

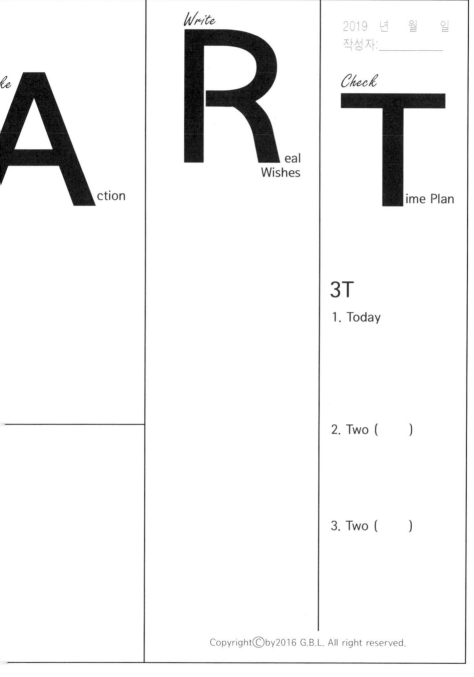

ke

Action

Write

Real
Wishes

2019 년   월   일
작성자:_____

Check

Time Plan

3T

1. Today

2. Two (   )

3. Two (   )

225

백만장자의 친구가 되려면?
어떻게 해야할까?

=당신의 친구 중 백만장자가아닌 사람을
백만장자로 만들어라!

그리고
책을 읽다가 건너뛰고
현재 페이지를 읽은 당신에게
말하고 싶다.

<u>다음을 주의하라!</u>

START 시트를 작성할 때
<u>A항목</u>에 시간을 더 배분하라!

당신은 이런 사람이다.

호기심이 많고, 궁금한 것이 있으면 '답'을 알고 싶어서 못견디는 성향을 가지고 있다. 이것은 분명 장점이다. 스타트 시트에서 S와 R항목 같은 경우에 잘 작성할 수 있고, 그러한 생각과 상상들이 당신을 쉽게 하고, 움직일 수 있는 동력이 된다. 그렇지만 빛과 어둠, +와 -, 동과 서처럼 한 가지 면은 또다른 모습을 가지고 있다. 당신의 성향이 단점으로 나타나는 것은 이런 것이다. (아마도)'다른 사람'의 이야기를 듣고 무작정 시작했다가 '책임'을 지고 후회를 해 본 경우가 있을 것이다. 자신의 생각이 이랬다가 저랬다가 갈팡질팡하다가 원하는 결과를 얻지 못한 과거가 '분명히' 있을 것이다.

어떻게 이런 것을 아냐고? 당신이 한 행동은 '당신'이다. 그리고 그 행동은 '지문'처럼 확실하다. 과거에도 그렇게 행동했을 것이기 때문이다. 그러나 걱정하지 말 것. 행동을 바꾸려면 어렵다. 본성이니까. 그러한 행동을 하게 만드는 '상황'을 지배하면 된다.

우리 함께 시작(START)해보자.

별첨2

뉴스룸시즌1 1화 윌의 연설 전문(한국어로 번역)

미국은 위대한 나라가 아니에요! 그게 제 답변입니다.

청중(놀람)

왜 사람들이 민주당을 싫어하는지 알아요?
지니까 싫어하는 거예요
민주당 똑똑한 것들이 왜 만날 쳐지고 자빠져있냐구.

그리고 당신도 얼굴 떳떳이 들고
이 학생들한테 별똥깃발 휘날리면서
우리만 자유롭다고 말할 수 있어?
캐나다도 자유국가야 일본도 자유국가구.
영국, 프랑스, 이탈리아, 독일, 스페인, 오스트레일리아, 벨기에도 자유국가야. 전 세계 207개 나라 중에 180개가 자유국가라구.

그리고 거기 동아리학생
어느 날 혹시나 투표하러 간다면 말이지
이 내용들을 기억해둬.

이 나라가 세계에서 가장 위대한 국가라는
증거 따위는 절대 없다고.

비문맹률로 7위고, 수학에서는 27위, 과학은 22위,
기대수명은 49위, 유아사망률은 178위, 중산층 수입은 3위,
노동력은 4위, 수출도 4위야.

우리가 잘하는 것은 딱 3가지라고

우리가 잘하는 건 딱 3가지 밖에 없어
인구 당 감옥에 가는 비율
천사가 진짜라고 믿는 성인 비율
그리고 국가 방위비

2위부터 27위까지 다 합해도 우리가 더 많이 쓰지.
그 중 25개는 우리 우방국이지.

물론 이게 20살 여대생 책임은 아니야
하지만 당신들은 지금 최악의 세대에 속한 일원이란 말이야

그런 당신이 우리나라가 왜 위대하냐고
지금 이유를 묻고 있다니
 난 도대체 네가 무슨 개소릴 하는지 모르겠다.
요세미티 국립공원 때문에 위대한가?

위대했던 적이 있었지

옳은 것을 위해서 일어섰고, 도덕을 위해서 투쟁했지
도덕적인 이유로 법을 만들기도 폐지하기도 했었지

가난을 물리치려고도 했지만,
가난한 사람이랑 싸운 건 아냐
희생도 하고, 이웃을 걱정했었지,
신념을 위해서 돈을 모금 했고
그런 걸로 자랑 따위는 하지 않았어.

위대한 것들을 이뤘지.
엄청난 과학적 발전도 이뤘고,
우주를 탐사하고, 질병도 치료했어.

세계적인 예술가들도 길러냈고,
세계 최고의 경제도 이룩했어.
우린 별을 향해 전진했지. 인간답게 행동했고.

우리는 지성을 열망했지 우습게 여기지 않았어.
그렇다고 열등한 존재가 되는 건 아니거든

지난 선거에 누구에게 투표했는지
그런 걸로 자신을 평가하지 않았어
쉽게 겁을 먹지도 않았고

우리가 이렇게까지 할 수 있었던 이유는
우리에게 정보가 있었기 때문이지

위대하고 존경받는 사람들의 지식

문제를 해결하는 가장 첫 번째 방법은
문제가 있다는 걸 인식하는 거야

"미국은 더 이상 위대한 국가가 아니다"

별첨3
함께 참여, 조언 해주신 감사한 분들

이지안	이정은	김수현	최진웅
김은지	박세준	조정현	유민지
유은미	김영민	홍이경	장재희
김슬기	박찬현	기서진	김윤혜
이정윤	김민영	김정섭	이명현
마인곤	윤창민	최서희	박효준
김민우	한정호	김소정	민자현
김영호	신용화	이해인	유한솔
권미애	윤종혁	선혜림	현종민
이현경	윤혜란	박영배	윤보경
장윤선	허희주	류동진	길지영
추형모	서지혜	최영준	이하해
서영호	황아진	이한수	김명각
강승호	김채영	박정현	손현지
이수근	김세연	최소영	이준호

임소현	김지은	정현영	양지현
홍현정	유준상	황규진	구선모
오수현	이예슬	남궁연	정승현
이민영	이채은	홍재원	임정희
김병탁	서경숙	배성원	오경민
윤소희	김인한	조성호	박상관
임소현	김길남	김정한	이영호
유은지	명성재	진성복	이건무
김규봉	유인호	김수영	김경현
박순혁	이정훈	박두환	김건호
송주영	홍창재	장석경	김담징
김수현	김진모	조영렬	임선집
권민아	류태웅	박성범	김도형
이슬기	유경호	황정신	강희원
최소영	전다영	이승진	김종구

별첨5

이 책에서 인용하고 있는 '영상' 들

하울의 움직이는 성 (Howl's Moving Castle, 2004)

감독: 미야자키 하야오

명량 (ROARING CURRENTS, 2014)

감독: 김한민

뉴스룸 시즌1 (The Newsroom 2012.06.24.~2012.08.26.)

편성: 미국 HBO

연출: 아론 소킨, 스콧 루딘

갈리폴리(Gallipolli, 1981)

감독: 피터 워어

말아톤(2005)

감독: 정윤철

고지전 (The Front Line, 2011)

감독: 장훈

별첨6

〈주〉

주1) 스토리텔링의 기술/클라우스 포그, 크리스티안 부츠, 바리스 야키보루/
멘토르(2011) P74~P75

주2) 실행에 집중하라/래리 보시디, 램 차란/21세기북스(2004) P44

별첨7

START 사례

Story of Wish

책 10권 출간 하기

Story of Future

10권의 책을 책상에 놓고
사진을 찍겠다. 뿌듯해 하는 나!

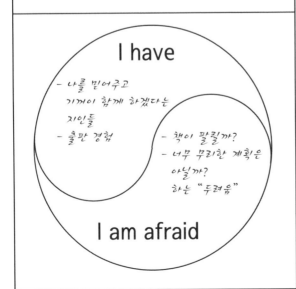

Find Triggers

1. 출판 비용

2. 책 내용

3. 마케팅

ake

A ction

Write

R eal
Wishes

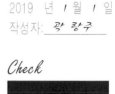

2019 년 / 월 / 일
작성자:＿곽 광주＿

Check

T ime Plan

/ 선판매

을 책의 비용 확보)

일)조금이라도 작업

브 PR

는 지양하자!

갈만 하지 말자

이라도 포기 금지!

사람들에게
도움을 주는 작가

↓

베스트셀러 작가

↓

글 쓰는 것만으로
먹고 살 수 있는 작가

3T

1. Today

- START 시트 작성
- 10권 제목 작성

2. Two (months)

- 3권 출간
- 유튜브 시작 PR

3. Two (years)

- 10권 출간
- 1달에 책1권 쓰기
  Program 시작!

추천의 글

'시작을 시작하라'를 추천하며,

남쪽의 봄기운이 많이 올라오고 있습니다. 저는 이제 30기 총동기회장의 직무를 내려놓고, 다시 제자리에서 돌아왔습니다. 새로울 것은 없는데, 새로운 시작을 하고 있는 것입니다.

제가 힘들 때, 주위에 있어 준 것은 친구들 동기들 즉 여러분이었습니다. 그리고 위로의 말을 건네준 것도, 피를 나누지는 않았지만, 형제인 여러분이었습니다. 한 분 한 분에게 마음을 전해야 하지만, 이렇게 글로 대신할 수 있어 기쁩니다.

시작은 그런 것 같습니다. 지금 가진 것을 가지고, 할 수 있는 것을 해 나아가는 것, 넘어져도 다시, 쓰러져도 다시, 아파도 참고 다시 해 나아가는 것이 아닌가 합니다.

'기본으로'라는 책 이후에 또 '시작을 시작하라'는 책을 내는 두 동기는 마치 저에게 '기본으로' 돌아가 다시 '시작하라!'하고 외치는 듯합니다. 축사 이전에 고맙다는 말을 전해야겠습니다.

인간은 태어나면서부터 사회적 책임을 가지고 있다고 믿습니다. 그런데 그 책임을 다하는 경우는 많지 않습니다. 두려움 때문일 것입니다. 완벽해야 한다는 두려움과 실패하면 어쩌나 하는 마음일 것입니다. 만약 여러분이 무엇을 하기에 머뭇거려진다면, 이 책을 읽고 용기를 내시기 바랍니다.

아름드리 나무의 시작은 손톱보다 작은 '씨앗'이었음을 부정하는 사람은 없을 것입니다. 그런데 왜 조그마한 '시작'을 그렇게 두려워하는 것일까요? 지금 시작하십시오. 시작은 미약하나 끝은 창대할 여러분의 장도를 응원합니다.

고마워 동기들!

2019.02.01
대한민국 ROTC 30기 7대, 8대 총동기회장
은태기 배상

시작을 시작하라(START)

발행일   2019.02.15
지은이   곽랑주, 김성천
발행처   항공신문
대　표   조재은

출판등록제 2018-000054 호 (2018년 05월 10일)
주　　소 서울시 강서구 방화대로270 태양빌딩 2층
대표전화 02-6080-1110
홈페이지www.IATAKOREA.co.kr

강연문의: writerkwack@naver.com / 010-7704-1905
            joseph@smartcms.co.kr / 010-3358-7387

시작을 시작하라 : start : 두 번째 이야기 / 곽랑주, 김성
천 지음. -- 개정판. -- [서울] : Basic forum 더 本, 2019

ISBN 979-11-963880-3-4 03190 : ₩15100

자기 계발[自己啓發]
성공법[成功法]

325.211-KDC6
650.1-DDC23   CIP2019000513.

시작의 마지막은 다시 시작(START)!